je monte à **cheval**

je monte à **cheval**

EDITIONS ATLAS

Édité par :
Éditions Glénat

Services éditoriaux et commerciaux :
Éditions Glénat – 31-33, rue Ernest Renan
92130 Issy-les-Moulineaux

Cet ouvrage est une édition partielle de l'encyclopédie « Passion du cheval et de l'équitation » publiée par les Éditions Atlas.

Directrice d'ouvrage : Emmanuelle Hubrecht

Mise en page : Compo Gravure Industries

Imprimé en Italie par
L.E.G.O. S.p.A.
Viale dell'industria, 2
36100 Vicenza
Achevé d'imprimer : mars 2009
Dépôt légal : avril 2009
ISBN: 978-2-7234-6975-3

Sommaire

Préface

Éprouver la sensation enivrante que procure un grand galop à travers pré, le soutenir tout au long des efforts d'une course d'endurance, ou encore partir pour des heures de complicité le temps d'une randonnée… qui n'en a pas rêvé ?

Mais avant d'en arriver là, il faut accepter d'apprendre patiemment auprès de nos complaisants compagnons de club : des heures de reprises et de balades, pleines de joie, de découvertes – et aussi, parfois, de difficultés. Mais même dans les moments de découragements, il y a un plaisir qui ne s'épuise jamais, c'est celui de côtoyer le cheval, de mieux l'aimer et le comprendre.

Cet Atlas pratique t'accompagnera tout au long de cet apprentissage merveilleux et complexe : des premiers pas en longe au perfectionnement du saut et aux finesses du dressage, tu y trouveras des explications claires et précises pour comprendre ce qu'il faut faire et ne pas faire.

Les premières parties sont consacrées à l'apprentissage : *Tes débuts à cheval, Devenir un bon cavalier,* et *Pour aller plus loin*. À chaque niveau, des pas-à-pas détaillés te permettront de progresser en douceur, afin d'acquérir les connaissances et les techniques indispensables pour profiter au maximum des joies de l'équitation.

La dernière partie de l'ouvrage est un panorama des différentes disciplines, des jeux, et de toutes les façons possibles de monter à cheval : tu pourras ainsi te faire une idée de ce qui t'attire le plus et décider, au fur et à mesure que tu progresses, du domaine où tu souhaites de spécialiser.

Je monte à cheval est un ouvrage complet qui enchantera tous les cavaliers dans l'âme, débutants aussi bien que confirmés !

Emmanuelle Hubrecht

TES DÉBUTS À CHEVAL

Aborder mon cheval à l'écurie

En entrant dans le box d'un cheval, tu pénètres sur son territoire. Il faut donc le prévenir, puis te comporter avec la fermeté rassurante d'un "dominant"... Ce qui n'est pas toujours facile, pour un cavalier inexpérimenté !

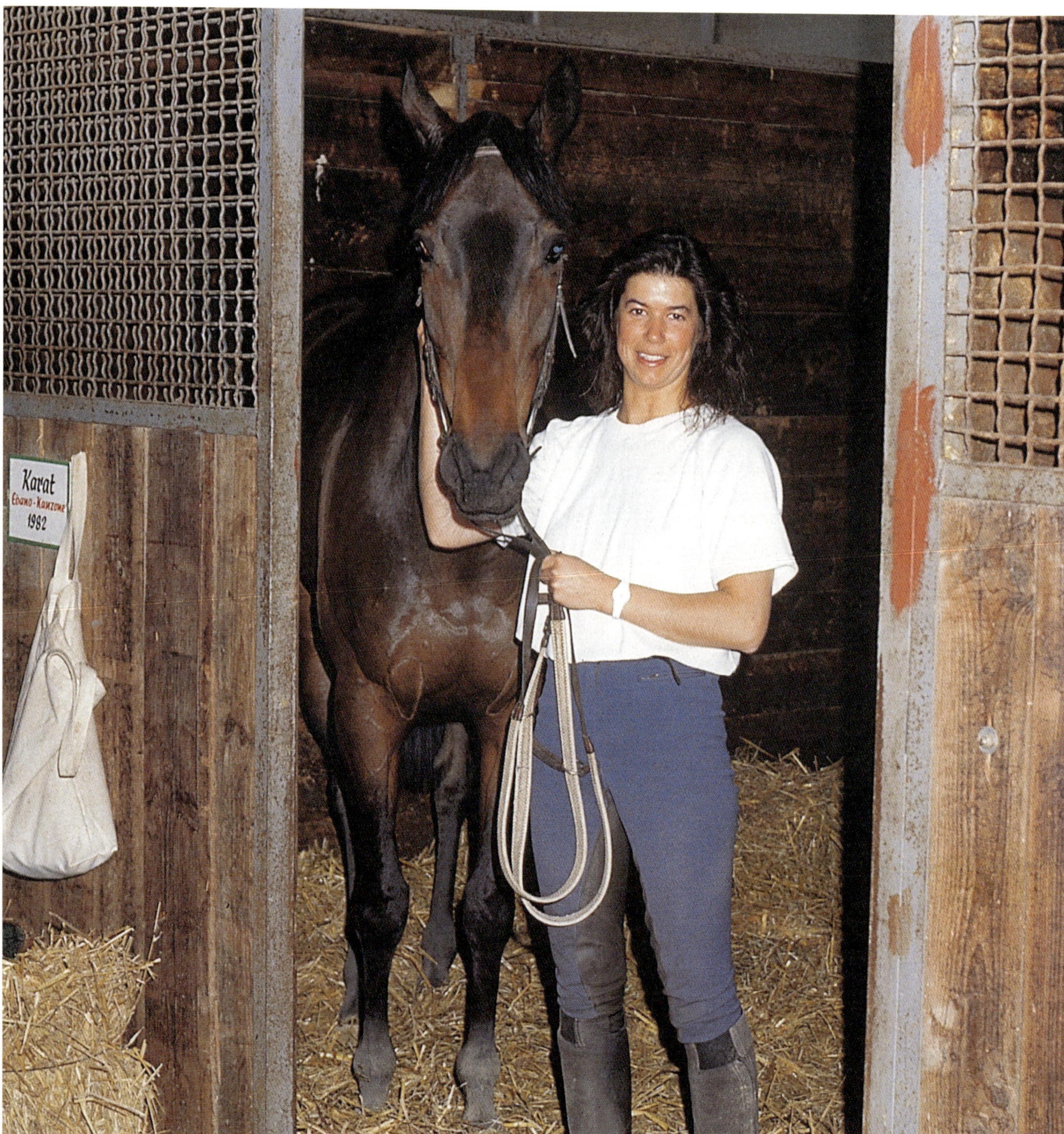

1. S'approcher sans hésiter

Le cheval est tranquillement dans son écurie, en train de grignoter. Même s'il perçoit tes pas, il ne sait pas que tu vas entrer. Pour le prévenir, annonce-toi ! Appelle-le par son nom, puis ouvre la porte. Approche-le avec le licol et la longe. Sois à la fois tranquille et franc : si tu es trop timide, tes hésitations risquent de l'inquiéter – ou de lui montrer qu'il n'a pas besoin de t'écouter.

2. Lui passer la longe autour de l'encolure

Toujours avec assurance, pénètre complètement sur "son" territoire. Le cheval doit se placer le long de la paroi du fond. Avance vers son épaule tout en lui parlant, caresse-le et passe la longe autour de son encolure. Toute ton autorité repose sur ta capacité à rassurer le cheval en lui donnant l'impression que tu sais ce qu'il faut faire et que tu es bienveillant.

3. Lui mettre le licol

En te plaçant contre son encolure, présente au cheval le *licol* ouvert, glisse la *muserolle* sur le chanfrein, passe la *têtière* par-dessus sa nuque et boucle-la, sans trop serrer : le licol se porte un peu lâche. Réalise tous ces gestes tranquillement, sans énervement ni brusquerie. Ton cheval est prêt à te suivre.

4. Le sortir

Prends la *longe* de la main droite à environ 50 cm de la tête, tiens l'extrémité dans l'autre main, ouvre la porte du box en grand, marche devant ton cheval sans le regarder et sors calmement. Tu vas pouvoir procéder aux soins et au harnachement hors du box, le cheval étant attaché.

LEXIQUE

- **Licol :** Harnais de tête sans mors, permettant de tenir, d'attacher et de mener le cheval.
- **Longe d'attache :** Corde longue d'environ 1,80 m se fixant au licol.
- **Muserolle :** Partie du filet ou du licol entourant le chanfrein du cheval et servant à renforcer la bonne tenue du harnais.
- **Têtière :** Partie du filet ou du licol se plaçant derrière les oreilles du cheval.

L'aborder au pré

Au pré, ton cheval sent le souffle de la liberté, et n'a pas forcément envie de retrouver son cavalier ! Voici quelques conseils pour t'aider à l'attraper en douceur et sans danger.

Question / Réponse

Que faire avec un cheval difficile ?

Lorsque le cheval ne veut pas se laisser approcher, on est tenté s'y mettre à plusieurs et de l'acculer dans un angle : mais cela lui laisse de mauvais souvenirs. Il se sent traqué et risque de devenir par la suite encore plus difficile à attraper. Pour rééduquer un cheval qui ne se laisse pas approcher, tes meilleurs atouts sont le temps et la patience : viens souvent dans le pré passer un moment avec lui, sans chercher à l'attraper.

1. L'appeler

Mets-toi près de la barrière et appelle ton cheval. Attends quelque temps : les choses seront beaucoup plus faciles si c'est lui qui vient vers toi ! S'il ne manifeste aucun intérêt, entre dans le pré et marche tranquillement dans sa direction en lui parlant.

2. L'approcher en douceur

Approche-toi de face ou légèrement de côté. Quand tu es près de lui, arrête-toi et tends-lui la main, toujours en lui parlant. Laisse-le flairer ta main, caresse-lui l'encolure.

3. Lui passer la longe

Tout en continuant à lui parler et à le caresser, passe la longe du licol autour de son encolure, sans faire de geste brusque. Rapproche-toi de son encolure, en regardant vers sa tête.

4. Glisser le licol

Sans lâcher la longe, tends la muserolle du licol vers le nez du cheval. Passe alors la main droite le long de la tête, à droite, en laissant la longe sur l'encolure. Attrape les montants du licol des deux côtés et glisse celui-ci le long du chanfrein. De la main droite, fais passer la têtière derrière les oreilles.

5. Boucler le licol

Rattrape la têtière de la main gauche et boucle le licol. Prends la longe. Ton cheval est en main. Emmène-le au pas jusqu'à la barrière, en prenant garde que d'autres chevaux ne tentent pas de sortir en même temps que lui.

Mettre un licol et attacher

Savoir passer un licol, auquel on fixe une longe pour mener le cheval et l'attacher, est le b.a.-ba du cavalier. En suivant quelques règles simples, on fait cela facilement et en toute sécurité.

LEXIQUE

- **Ganaches :** Chacune des régions de la tête situées sous les joues. Elles font saillie sur le bord du maxillaire inférieur.
- **Tirer au renard :** Se dit d'un cheval attaché tirant violemment sur sa longe pour se libérer.

1. Glisser la muserolle

Tiens-toi au niveau de l'encolure du cheval, face vers sa tête. Présente-lui le licol ouvert, en le mettant devant le bout de son nez. En remontant vers le haut, glisse la muserolle le long de son chanfrein, une main de chaque côté de sa tête.

2. Passer la têtière

Fais passer la têtière par-dessus la nuque. Prends soin de ne pas remonter brusquement le licol, de façon à ce que les boucles de la muserolle ne cognent pas sur ses apophyses zygomatiques : cette petite douleur, si elle est souvent répétée, risque de lui faire appréhender ensuite le moment où tu lui mets le licol.

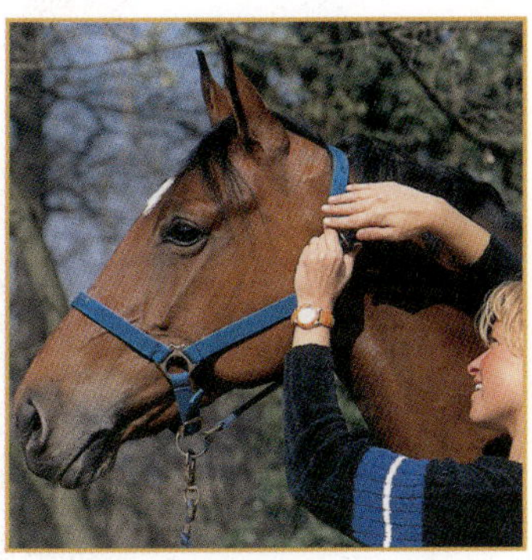

3. Boucler la têtière

Boucle la têtière, sans la serrer. Assure-toi que le licol est correctement ajusté : la boucle de la muserolle doit se trouver à deux doigts environ de l'apophyse zygomatique. On doit pouvoir également glisser un poing sous la sous-gorge. L'alliance d'attache doit être à quelques centimètres des *ganaches*, sans permettre au menton du cheval de sortir de la muserolle en cas de traction.

4. Attacher le cheval

Amène le cheval jusqu'au point d'attache, par la longe. Passe l'extrémité de la longe dans l'anneau et fais un *nœud d'attache*, comme indiqué ci-dessus. Ce nœud ne se défera pas ; en revanche, en cas de problème, tu pourras le dénouer facilement d'un geste, en tirant sur l'extrémité de la longe.

NŒUD D'ATTACHE

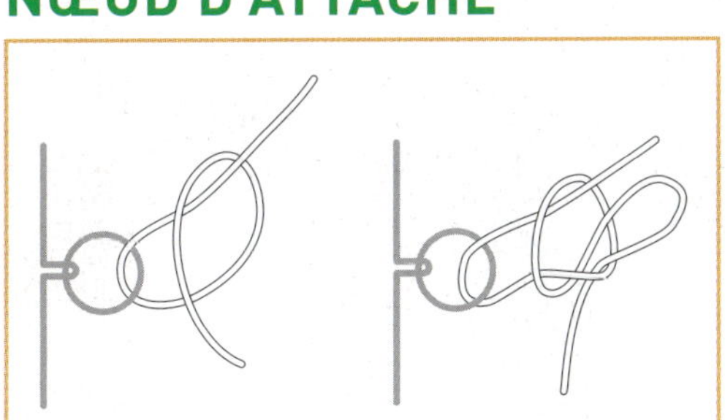

Mener mon cheval en main

Savoir conduire correctement un cheval en main est la base de l'éducation du cavalier et une garantie pour sa sécurité. Pour cela, il n'a pas besoin de force, mais d'un peu d'autorité et de savoir-faire.

MENÉ PAR LE BOUT DU NEZ
Si tu as de l'assurance, ton cheval te suivra.

1. Avec un licol et une longe

Par convention, tu dois mener le cheval en te tenant plutôt à sa gauche. Ta main droite tient la longe à au moins une vingtaine de centimètres de la boucle d'attache. Le flot de longe est laissé lâche et son extrémité est tenue par ta main gauche.

2. Avec un filet

En filet, la position de tes mains est sensiblement la même. Ta main droite tient les rênes près du menton du cheval, ton index séparant les deux rênes. Ta main gauche tient l'extrémité du flot.

3. Bien se placer

Une fois que tu sais tenir correctement la longe ou les rênes, place-toi à hauteur de l'encolure du cheval et mets-toi en route. Stimule-le si nécessaire d'un appel de langue ou en disant : « Marche. » Reste dans le sens de la marche, ne regarde pas ton cheval. Veille bien à ce qu'il ne passe pas devant toi (son épaule ne doit pas te dépasser) – il risque alors de te bousculer – mais il ne doit pas non plus se faire tirer.

4. Tourner

Si tu veux aller à gauche, attire le bout du nez du cheval vers la gauche, tout en t'orientant dans cette direction. Le cheval doit s'incurver et te suivre sans accélérer. Pense à déplier ton coude, ce qui le tiendra à distance et évitera qu'il te marche sur les talons.

Question / Réponse

Comment se faire obéir ?

Ton cheval ne veut pas te suivre ? Inutile de tirer. Il est bien plus fort que toi. Sache que son obéissance repose sur un contrat entre toi et lui, et non sur ta force.
Ton autorité découle de ton assurance : si tu effectues les bons gestes, ta monture en déduira que tu es compétent(e) et respectera tes ordres.

Brider mon cheval

Brider son cheval, c'est lui mettre le filet simple ou la bride. On peut se passer d'une selle, mais pas question de monter sans filet ! Ce geste sera vite un réflexe à condition de prendre de bonnes habitudes dès le début.

BRIDER OU SELLER D'ABORD ?

S'il est au box, passe le filet d'abord, pour pouvoir le maintenir pendant que tu le selles. S'il est attaché, selle en premier, mets le filet ensuite.

1. Saisis le filet de la main droite

Glisse les rênes par-dessus l'encolure, puis saisis les deux montants du filet, à mi-hauteur, dans la main droite. Passe le bras droit autour du nez du cheval. En glissant ta main droite vers le haut le long du chanfrein, amène le mors à hauteur de la bouche.

2. Passe la têtière par-dessus les oreilles

Place un doigt dans la commissure des lèvres (il n'y a pas de dents à cet endroit) pour inciter ton cheval à ouvrir la bouche. Pousse le mors dans la bouche de la main gauche, tout en tirant doucement le filet vers le haut de la main droite. Saisis alors un montant dans chaque main et fais passer la têtière par-dessus les oreilles.

3. Dégage la crinière et le toupet

Dégage la crinière de la têtière et le toupet du frontal. Assure-toi qu'aucun crin n'est pris dans les cuirs, cela gênerait le cheval. Vérifie que le frontal est droit, correctement placé, et qu'il n'appuie pas trop sur les oreilles.

4. Boucle la sous-gorge

Boucle la sous-gorge : attention, elle ne doit pas être trop serrée. Vérifie le réglage : tu dois pouvoir passer ton poing entre la gorge du cheval et la sous-gorge. Et voilà, ton cheval est bridé ! Attention, ne le laisse jamais ainsi, seul, dans son box. Il pourrait faire tomber les rênes à terre en baissant la tête, puis marcher dessus et les rompre ou se blesser.

LE FILET

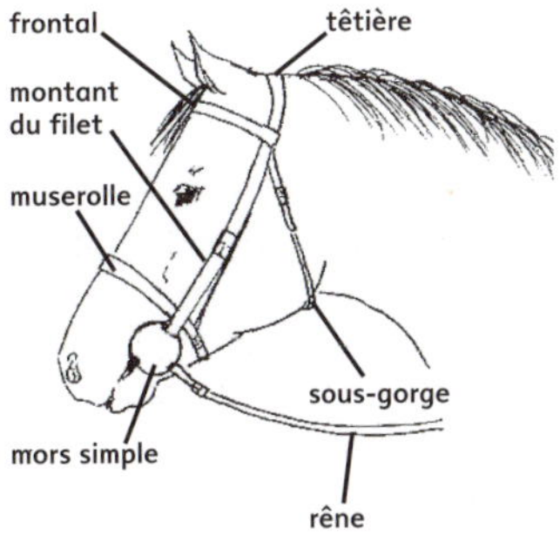

Le filet est formé de trois parties : la monture, ensemble de pièces de cuir qui le fixent à la tête, le mors et les rênes, par l'intermédiaire desquels le cavalier transmet ses ordres à sa monture.

Seller son cheval

Seller est un geste simple, qui ne demande pas beaucoup de technique, juste un peu d'attention : il s'agit d'assurer le confort du cheval… et ta sécurité.

Question / Réponse

Pourquoi trois contre-sanglons ?

Tu te demandes pourquoi une selle comporte trois contre-sanglons, pour seulement deux boucles de sangle ? C'est avant tout une question de sécurité. Si un contre-sanglon casse alors que tu es en extérieur, il t'en reste toujours un de rechange !

1. Poser la selle

Tire la selle de son support de la main droite et glisse ton bras gauche sous le tapis de selle, côté pommeau. Le pommeau est bien calé dans le creux de ton coude et tu gardes une main libre. Marche jusqu'à ton cheval et place-toi à sa gauche. Saisis le troussequin de ta main droite. Préviens le cheval, puis soulève la selle au-dessus de son dos et pose-la un peu en avant de sa juste place (laquelle est légèrement en arrière du garrot).

2. Dégarrotter

Dégarrotte. Ce geste essentiel consiste à tirer un peu le tapis de selle vers le haut en le faisant remonter contre le pommeau, de façon à dégager le garrot. En effet, un tapis non dégarrotté ne protège pas suffisamment le cheval. Maintenant, fais glisser la selle en arrière jusqu'à sa place, en lissant le poil.

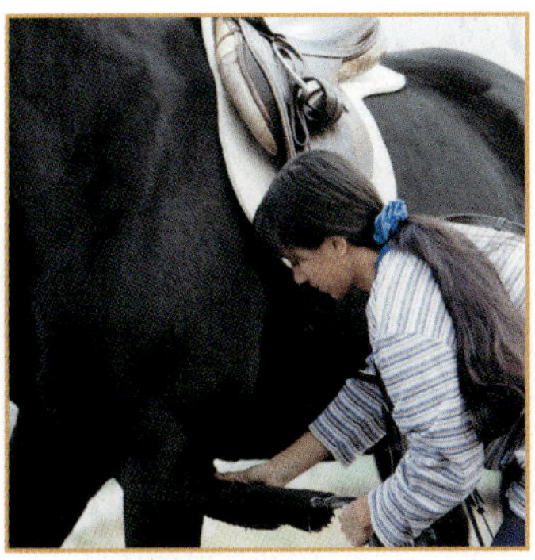

3. Faire descendre la sangle

Passe de l'autre côté du cheval (par-devant, jamais par-derrière) et vérifie que le tapis ou les quartiers ne sont pas pliés. Fais descendre la sangle doucement, en prenant soin de ne pas laisser les boucles cogner contre l'antérieur du cheval. Repasse à sa gauche et penche-toi en avant pour attraper la sangle.

4. Sangler

Ajuste la sangle sans la serrer, en utilisant les deux contre-sanglons extérieurs (tu ressangleras plus serré ensuite). Bride ton cheval, puis rattache-le avec le licol par-dessus le filet. Il ne te reste plus qu'à régler les étriers à ta taille.

DE QUOI EST FAITE UNE SELLE ?

Selle vue de profil — **Sous le quartier**

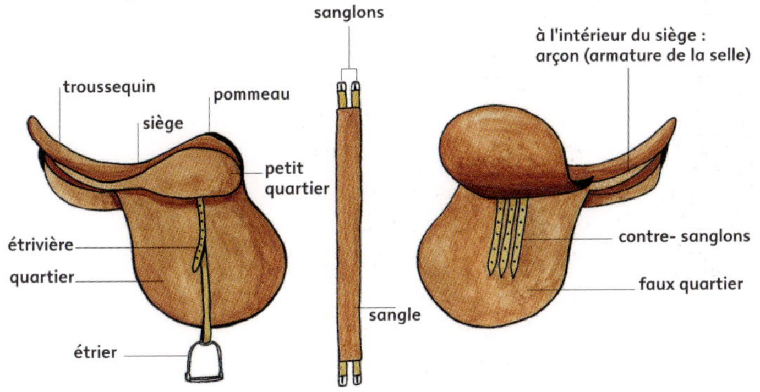

La selle est constituée de différents éléments : le siège (pommeau à l'avant, troussequin à l'arrière), les quartiers, la sangle et ses sanglons, qui s'attachent aux contre-sanglons. Les étrivières se fixent dans des couteaux, sous le petit quartier.

Le déroulement de la reprise

Comme toute discipline sportive, l'équitation est soumise aux lois de l'échauffement, du dosage de l'effort et du retour au calme. Une reprise bien menée se déroule donc en tenant compte de ces principes.

LEXIQUE

- **Cavalettis :** Séries de barres posées au sol ou de petits obstacles n'excédant pas 50 cm de hauteur et faciles à franchir, destinés à gymnastiquer le cheval ou le cavalier.

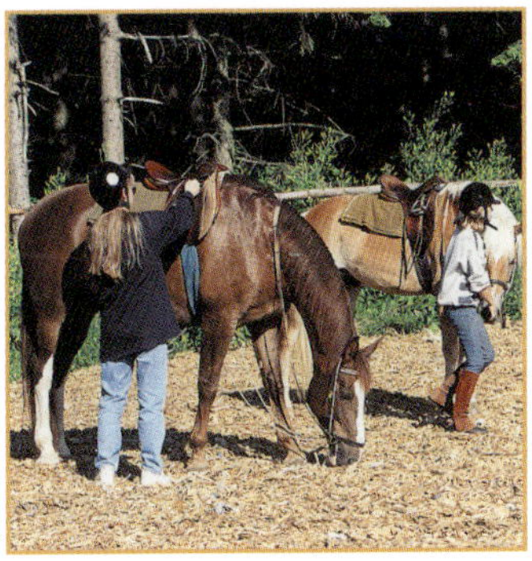

1. Faire une entrée "en règle"

Au début de la reprise, tu entres à pied dans le manège en menant ton cheval en main. Prends la piste à main gauche pour te rendre sur la longueur suivante, double dans la largeur, et arrête ton cheval sur la ligne du milieu. Cette entrée "en règle" évite une confusion dangereuse au moment du resanglage, du réglage des étriers et de la mise en selle. Ne lâche pas tes rênes, comme le fait la jeune fille ci-contre !

2. À cheval !

Lorsque ton cheval est arrêté correctement, resangle-le de un ou deux trous ; ne serre pas trop encore, il s'agit juste de fixer la selle afin qu'elle ne tourne pas quand tu vas monter. Lorsque le moniteur le demande, monte à cheval. Sur son indication, marche et prends la piste à main gauche. On commence toujours par laisser marcher le cheval d'un pas actif, afin qu'il se "dérouille" après l'immobilité du box. Après quelques tours au pas, resangle une nouvelle fois.

3. S'échauffer

Le moniteur va ensuite demander le trot, de préférence enlevé, pour laisser au cheval le temps de mobiliser les muscles de tout son corps et plus spécialement de son dos. Cette première phase de la reprise représente pour le cheval et le cavalier à la fois un échauffement et une prise de contact. Tu découvres le cheval (ou le redécouvres si tu l'as déjà monté) et lui cherche à comprendre quel genre de cavalier tu es. L'échauffement peut comporter un peu de galop à chaque main.

4. Réviser

Après cet échauffement, le moniteur accorde en général une brève "récréation", rênes longues. Le travail à proprement parler va démarrer. En général, tu commences par réviser tes acquis. Le moniteur te demande des exercices que tu connais déjà, parfois sous une forme plus élaborée : figures de manège, départ au galop, travail sans étriers, transitions, etc.

5. Apprendre

Après une brève récréation, tu vas entamer la phase la plus dense de la reprise. Ton cheval est à la fois bien éveillé et pas encore fatigué : c'est le moment d'aborder les nouveautés ! Le moniteur fait travailler en groupe ou individuellement. Travail des aides, *cavalettis*, obstacles, jeux... Tu achèves ensuite la reprise au pas, et viens t'arrêter sur la ligne du milieu en doublant dans la largeur.

Après la reprise

Question / Réponse

Quelle friandise lui donner ?

Après le travail, ton cheval mérite bien une récompense. Une "friandise" spécial cheval, des rondelles de carotte ou des quartiers de pomme (attention, jamais de pomme entière car elle pourrait glisser sur ses dents lisse et passer tout droit dans sa gorge au risque de l'étouffer). Quant au sucre, il ne convient pas plus au cheval qu'à nous : gare aux caries !

La séance est terminée, mais ton rôle de cavalier ne s'arrête pas là ! Tu dois accorder à ton cheval les soins qu'il mérite, si tu veux le retrouver en forme la prochaine fois que tu le monteras.

1. S'arrêter, descendre

La reprise s'achève. Le moniteur demande aux cavaliers de s'arrêter sur la ligne du milieu et de descendre de cheval. Caresse ta monture et donne-lui éventuellement une friandise. Passe une rêne dans un bras pour que ton cheval ne puisse pas s'en aller et remonte tes étriers. Cela évitera qu'ils se balancent et viennent heurter le coude de l'animal au cours du retour à l'écurie.

2. Desseller, débrider

Passe les rênes par-dessus l'encolure et prends la direction de la sortie, en gardant tes distances avec le cheval qui te précède. Si tu rentres directement ton cheval au box, commence par desseller, puis débride. Si tu le mets à l'attache, hors du box, fixe la têtière du licol autour de l'encolure. Débride, puis mets le licol en place. Ensuite, desselle.

3. Lui passer l'éponge

Pendant le travail, ton cheval a beaucoup transpiré. En été, douche-le et passe-lui une éponge à l'emplacement de la selle, au passage de sangle, sur la nuque, et sur le passage des montants du filet et de la muserolle. Fais-le ensuite marcher au soleil (tu peux l'emmener brouter si le moniteur est d'accord). Quand il est sec, rentre-le au box.

4. Le bouchonner

En hiver, ton cheval doit être séché avec soin. Bouchonne-le vigoureusement dès qu'il est dessellé : frictionne son corps avec une grosse poignée de paille propre et sèche que tu renouvelleras aussi souvent que nécessaire, ou avec une serviette éponge.

5. Contrôler ses pieds

Tu dois de nouveau vérifier l'état des pieds et de la ferrure. C'est particulièrement important si tu rentres de promenade. Contrôle les quatre pieds, cure-les si nécessaire, assure-toi qu'il n'y a ni caillou coincé dans les fourchettes, ni corps étranger enfoncé dans la corne, et que les fers sont bien fixés. Et maintenant, dis-lui au revoir et va ranger ton harnachement à la sellerie.

Desseller mon cheval

Après le travail, on retire au cheval tout son harnachement : selle, puis filet. Ne bâcle pas cette tâche, fais-en plutôt un moment agréable de contact et de détente avec ta monture.

Question / Réponse

Poils collés : que faire ?

Si ton cheval a beaucoup transpiré et que ses poils sont collés à l'emplacement de la selle, passe une éponge mouillée avec un peu d'eau chaude pour éliminer la sueur. En hiver, frictionne-le avec une serviette-éponge ou un bouchon de paille pour sécher le poil.

1. Les rênes par-dessus l'encolure

Glisse la rêne gauche dans le pli de ton coude afin de garder le contrôle de ton cheval et d'éviter que les rênes ne tombent à terre s'il baisse la tête.

2. Dessangler

Soulève le quartier de la selle et dessangle. Ne laisse pas tomber la sangle – les boucles pourraient heurter les antérieurs de ton cheval, ce qui serait assez douloureux pour lui – mais accompagne sa descente.

3. Enlever la selle

Saisis la selle par le pommeau et le troussequin. Soulève-la un peu afin de dégager le garrot de ton cheval, puis tire-la doucement vers toi. Pose la selle sur ton avant-bras gauche afin de pouvoir attraper la sangle de la main droite.

4. Ramener la sangle sur la selle

Ramène la sangle sur le siège de la selle afin qu'elle ne traîne pas par terre, ce qui l'abîmerait et risquerait de te faire trébucher. Le temps de débrider, pose la selle sur le porte-selle fixé près du box ou, à défaut, sur la porte (en surveillant ton cheval afin qu'il ne la grignote pas). Ensuite, va ranger la selle et la bride à la sellerie.

5. En cas de pose sur le sol

Si tu dois poser ta selle à terre – ce qu'il vaut mieux éviter – respecte les règles de base : place le tapis de selle plié en deux à terre et installe la selle dessus "debout", les bourrelets avant au sol, le troussequin appuyé contre un mur ou un poteau. Afin que le cuir ne s'érafle pas, place la sangle entre le troussequin et l'appui.

Débrider mon cheval

Après la reprise, le cheval apprécie d'être débarrassé de son harnachement. Si tu procèdes correctement, il se montrera détendu et ce moment sera aussi agréable pour lui que pour toi.

Question / Réponse

Comment faire hors du box ?

Il arrive que l'on doive débrider son cheval sans disposer de l'espace clos d'un box – par exemple s'il est en stalle. Il faut alors l'attacher. Boucle la têtière de son licol autour de l'encolure, passe la longe dans l'anneau, fais un nœud d'écurie lâche, puis débride comme indiqué ci-contre.

1. Déboucler

Place-toi à gauche du cheval, au niveau de sa tête – surtout pas devant lui. Si le filet comporte une muserolle, déboucle-la. Déboucle ensuite la sous-gorge.

2. Faire remonter les rênes

D'une main, amène la boucle des rênes au niveau de la têtière. Procède doucement, en particulier quand tu arrives à hauteur de ses oreilles.

3. Retirer la têtière

Avec délicatesse, fais passer la têtière par-dessus ses oreilles, en prenant soin de ne pas "froisser" celles-ci.

4. Laisser glisser le filet

Laisse le filet descendre doucement, afin que le mors glisse dans la bouche du cheval sans venir lui heurter les dents : un petit coup de mors sur les dents est très douloureux .

5. Ôter complètement le filet

Attends que le cheval "rende" le mors avant d'ôter tout à fait le filet ; en général, il le retient un instant entre ses dents avant de le lâcher. Puis, pose le filet sur la porte du box, le temps de caresser ton cheval et de vérifier que son abreuvoir est propre.

En selle !

Pas facile de se hisser sur le dos d'un cheval, surtout quand il mesure... 1,70 mètre au garrot ! Pour être à l'aise, il faut travailler ses muscles, sa souplesse et sa technique.

1. Mettre le pied à l'étrier

À cheval ! C'est l'heure de la reprise. Conduis le cheval au milieu de la carrière ou du manège. Fais passer les rênes par-dessus l'encolure. Place-toi contre l'épaule gauche du cheval, tourné vers la croupe. Ajuste les rênes, sans les tendre, puis saisis-les dans la main gauche, en même temps qu'une poignée de crins. En t'aidant de la main droite, passe le pied gauche dans l'étrier.

2. Attraper le troussequin

À présent, tourne-toi vers le flanc du cheval et, avec la main droite, attrape fermement le *troussequin* de la selle. Fléchis simultanément la jambe droite pour prendre de l'élan. Cette position demande de la souplesse, car la jambe gauche est assez relevée par rapport à l'axe du corps.

3. Pousser fort !

Pousse très fort sur la jambe droite en t'aidant du troussequin pour décoller du sol. Il ne faut pas laisser le bassin reculer, mais rester le plus possible contre le cheval. En t'appuyant sur l'étrier, déplie la jambe gauche puis redresse-toi. Lâche le troussequin et tourne le buste en direction de la tête du cheval tout en soulevant la jambe droite.

4. S'asseoir

Fais passer ta jambe droite par-dessus la croupe du cheval, et redescend-la le long de son flanc droit. Tu n'as plus qu'à t'asseoir, en douceur. Tu peux éventuellement t'appuyer sur le *pommeau*, afin de ne pas retomber lourdement sur le dos du cheval. Il ne te reste qu'à chausser les étriers, à régler la longueur des *étrivières* et à ajuster les rênes.

LEXIQUE

- **Troussequin :** Partie arrière du siège de la selle.
- **Pommeau :** Partie avant de la selle, arquée et échancrée pour dégager le garrot.
- **Étrivière :** Courroie de cuir qui tient l'étrier.

Marcher

Après tes premiers essais en longe, tu commences à te sentir à l'aise. Il est temps de marcher seul et de goûter le plaisir de la liberté ! Sois sans crainte : tu es dans une carrière ou un manège et ton cheval est un vrai maître d'école !

CONFIANCE !
Détends-toi et fais confiance à ton moniteur.

1. Prends la bonne position

Avant de te mettre en marche, contrôle ta position. Tu dois être assis(e) dans l'avant de la selle, le dos droit et les jambes descendues. Tes bras sont légèrement fléchis, les rênes dans le prolongement de l'avant-bras. Tes épaules, tes hanches et tes talons sont alignés sur un même axe vertical. Respire et relâche tes épaules. Tu dois être détendu(e) et confiant(e).

2. À droite ou à gauche ?

Si tu n'es pas sûr(e) de ton équilibre, tu peux prendre les deux rênes dans une main et attraper une poignée de crins de l'autre. Si tu te sens ferme en selle, tiens une rêne dans chaque main. Tu es arrêté(e) au centre du manège ou de la carrière. Tu vas devoir marcher droit devant toi jusqu'à la piste, puis tourner à droite ou à gauche. Décide-toi avant de partir.

3. En marche !

Pour mettre ton cheval au pas, exerce une pression des deux mollets. En même temps, ouvre les doigts. Si tu donnes des jambes sans "rendre" avec les mains, tu envoies deux ordres contradictoires et ta monture risque de rester sur place. Garde le cheval droit en tenant tes deux mains écartées. Les rênes restent tendues tandis que tu accompagnes le mouvement de l'encolure. En arrivant sur la piste, écarte la main du côté où tu veux aller.

4. Une fois sur la piste

Pour garder ton cheval sur la piste, raccourcis légèrement la rêne extérieure ou tiens les doigts un peu plus fermés. Sois vigilant(e) en arrivant dans les coins car les chevaux ont tendance à "couper" plutôt qu'à bien suivre le tournant. Résiste à la tentation de surveiller tes mains. Regarde où tu vas et efforce-toi de sentir toutes les parties de ton corps.

LEXIQUE

- **Rêne extérieure :** La rêne extérieure est celle qui est du côté de la barrière ou du pare-botte.
- **Reprise :** Leçon donnée au manège ou dans la carrière à un groupe de cavaliers.

Tourner

On apprend d'abord à tourner sur des courbes larges, puis sur des courbes serrées, ce qui est un peu plus difficile. La règle d'or : regarder dans la direction vers laquelle on veut aller pour que la demande soit naturelle.

LEXIQUE

- **Doubler dans la largeur :** Figure de manège consistant à quitter à angle droit pour aller tout droit jusqu'à la piste opposée, en traversant le manège dans la largeur ; on reprend la piste avec ou sans changement de main.

1. Regarder là où l'on veut aller

Pour tourner, ajuste tes rênes à la même longueur et fixe la direction vers laquelle tu veux te diriger. Ton buste suit ton regard et pivote légèrement ; en même temps, ton assise se modifie. Sensible à tous les déplacements du poids de ton corps, le cheval a compris où tu voulais l'emmener. Ici, le bout du nez du cheval est attiré vers la droite et son encolure s'arrondit.

2. Écarter la main

Tout en continuant à regarder dans la direction où tu veux aller, bascule légèrement ton poignet intérieur, les ongles vers le haut, et écarte ta main en gardant le coude au corps. C'est l'avant-bras qui se déplace.

3. Avancer l'autre main

L'autre main s'avance pour permettre la flexion de l'encolure, la rêne restant tendue. La coordination des deux mains est essentielle. Il suffit de penser à un guidon de vélo ! Si tu écartes une main sans avancer l'autre, le cheval reçoit des ordres contradictoires et ne peut fléchir l'encolure.

4. Donner des jambes

Tout en agissant avec les mains, donne des jambes car, en tournant, le cheval a tendance à ralentir. Il ne peut pas y avoir de courbe sans mouvement en avant ! Selon l'écart de ta main, le cheval s'engage sur une courbe plus ou moins large. Modifie alors ta propre position pour ajuster le parcours du cheval. Surtout, ne tire pas vers toi.

5. Remettre le cheval droit

Ramène tes mains en position initiale et détends tes doigts. L'encolure se redresse et la tête du cheval reprend sa place. Regarde droit devant. Tes jambes, qui sont restées actives jusqu'à la fin de la courbe, peuvent relâcher légèrement leur pression.

Trotter assis

Le trot assis s'accompagne parfois d'une sensation d'inconfort, même d'inquiétude. Décontracte-toi et essaie de "te fondre dans la selle", tout en dosant l'action de tes jambes pour porter le cheval en avant.

Question / Réponse

Comment amortir les secousses ?

Il faut être assis sur le gras des fesses, le bassin basculé vers l'avant, mais les jambes bien descendues. Ainsi, le rein encaisse souplement chaque foulée de trot. Le haut du corps doit rester décontracté, les épaules bien relâchées, afin que les secousses du trot ne se répercutent pas dans les mains – donc dans la bouche du cheval.

1. Quelques exercices en longe

Travaille d'abord en longe, sans étrier. Familiarise-toi avec la sensation du trot assis et cherche la bonne position pour conserver ton équilibre. Une fois que tu es rassuré(e) et à peu près à l'aise, efforce-toi de faire quelques mouvements de bras et du buste, pour éprouver l'indépendance du haut de ton corps.

2. Se préparer à partir

La longe est détachée : à toi de jouer ! Avant de partir au trot, cherche la bonne position au pas : assis(e) sur le gras des fesses, les jambes descendant naturellement de tout leur poids dans les étriers. Le rein est souple et joue à chaque foulée. Tu te tiens droit(e), épaules et bras décontractés.

3. Donner des jambes

Ouvre les doigts sur les rênes, afin que ta monture puisse se porter en avant. Donne des jambes d'un geste ferme et franc, en agissant brièvement avec tes mollets et tes talons de l'arrière vers l'avant, comme si tu voulais "presser" le cheval.

4. Rester droit(e)

Reste assis(e) bien droit(e), les épaules au-dessus des hanches ou légèrement en arrière. Regarde loin devant toi. Tes mains doivent rester en place et non s'agiter à chaque foulée. Pour cela, relâche bien les épaules et laisse tes bras tomber naturellement le long du corps.

5. S'exercer à tourner

Lorsque tu te sens suffisamment à l'aise, exerce-toi à tourner pour éprouver l'indépendance de tes aides au trot assis. N'oublie pas de donner des jambes car, pour tourner au trot, ton cheval a besoin d'impulsion.

Trotter enlevé

Le trot enlevé, qui consiste à se lever en appui sur les étriers un temps sur deux, permet d'accompagner facilement le mouvement du cheval et de se sentir à l'aise dans cette allure.

1. S'exercer au pas

Le trot enlevé ne demande pratiquement aucun effort : c'est uniquement une question d'équilibre et de rythme. Il faut tout d'abord s'exercer au pas, éventuellement en longe. Assis dans ta selle, les étriers déchaussés, incline légèrement le buste en avant. Soulève un peu tes fesses de la selle en dépliant les genoux, puis rassieds-toi en les fléchissant. Recommence plusieurs fois à un rythme rapproché : assis, debout, assis, debout...

2. Contrôler la position des jambes

Avant de partir au trot, contrôle la position de tes jambes : l'étrier doit être chaussé au tiers du pied, le talon est plus bas que la pointe du pied, le mollet est au contact du flanc du cheval. La cheville reste souple, la pointe du pied à peine tournée vers l'extérieur.

3. Mettre le cheval au trot

Incline légèrement le buste en avant, sans arrondir le dos. On devrait pouvoir tracer une ligne verticale passant par tes épaules, tes genoux et la pointe de tes pieds. Exerce une nette pression des mollets vers l'avant pour mettre ton cheval au trot. En profitant d'un temps au trot, prends appui sur tes étriers et soulève les fesses de la selle.

4. Compter les temps

Rassieds-toi en douceur pour le temps suivant, en conservant la même position du buste, puis soulève-toi de nouveau. Continue ainsi, debout, assis, debout, assis, en comptant les temps : 1, 2, 1, 2. Le temps de trouver ton équilibre, tu peux appuyer tes mains sur le garrot, ou même prendre les deux rênes dans une main et attraper une poignée de crins dans l'autre.

LEXIQUE

- **Diagonal :** Désigne le bipède diagonal. Diagonal droit : antérieur droit et postérieur gauche. Diagonal gauche : antérieur gauche et postérieur droit. Au trot enlevé, le cavalier s'enlève un temps sur deux, avec l'un des bipèdes diagonaux – le diagonal intérieur lorsqu'il est sur une courbe (diagonal droit à main droite, par exemple).

Trouver son équilibre au galop

On a souvent peur lors des premiers galops... Pour se sentir à l'aise, il faut d'abord trouver le bon équilibre et essayer de suivre les mouvements du cheval. Si tu es trop crispé(e), c'est raté ! Alors, galope décontracté(e)...

1. Galoper en sécurité

Pour apprendre le galop en se sentant en sécurité, l'idéal est de commencer en longe. Ainsi, inutile de se préoccuper de la direction du cheval. Pose les rênes sur l'encolure en les nouant pour les raccourcir un peu. Ferme tes jambes, passe au trot. Ferme-les de nouveau énergiquement, tout en poussant la selle avec tes fesses. Te voilà au galop ! Si besoin, attrape la crinière ou le pommeau de la selle…

2. Se concentrer

Tu es installé(e) au galop. La première crainte passée, concentre-toi sur le rythme et le mouvement du cheval. Essaye de décontracter tout ton buste, dégage la tête des épaules, garde les reins souples. Avec tes jambes, cherche à envelopper le cheval, les mollets bien au contact des flancs. Détends-toi, le galop, c'est plus confortable que le trot !

3. Se sentir bien

L'expérience est réussie ? Bravo ! Tu peux galoper seul(e). Ajuste tes rênes et mets ton cheval au trot. Pousse-le avec les jambes et l'*assiette*. Tu galopes ? Parfait ! Essaie de sentir comme c'est agréable, laisse-toi aller au bien-être. Pour repasser au trot, redresse le buste et lève la main qui tient les rênes.

4. Galoper en suspension

Une fois que tu te sens à l'aise au galop, tu peux adopter la position dite "en suspension". Mets-toi en équilibre sur tes étriers en soulevant légèrement les fesses au-dessus de la selle. Il te suffit pour cela de déplier les genoux et d'incliner un peu le buste en avant. N'aie pas peur ! Cette position n'est pas difficile. Pour t'aider, tu peux prendre les deux rênes dans une main et une poignée de crins dans l'autre.

LEXIQUE

- **Assiette :** Équilibre et aisance du cavalier, qui lui donne sa solidité et son liant en selle.

Le galop assis

Le galop assis, mouvement de bascule d'avant en arrière, n'est pas facile au début. En le travaillant régulièrement, on acquiert assiette et aisance, et l'on s'aperçoit finalement que cette allure est très agréable.

Question / Réponse

Quand galoper assis ?

Le galop assis convient en manège ou en carrière, quand on travaille à une allure modérée. Dès que l'on accélère, il vaut mieux se mettre en équilibre sur les étriers. En extérieur et à l'obstacle, on galope presque toujours en suspension.

1. Se décontracter

Pour suivre le mouvement du galop sans heurt, tu dois te décontracter et garder le rein souple. Ton dos est droit, ta tête dégagée des épaules. Ton bassin se fléchit légèrement vers l'avant pour laisser tes fesses s'avancer dans la selle. Tes jambes enveloppent bien le cheval et descendent de tout leur poids, tes pieds reposant dans les étriers sans y prendre appui.

2. Garder le dos droit

Le cheval étend un antérieur loin devant lui, puis prend appui sur cet antérieur pour se propulser. Son dos bascule vers l'avant, et tu es poussé(e) vers le pommeau de la selle. Garde le dos droit et laisse tes fesses glisser sous toi, presque comme si tu voulais les cacher, en fléchissant le bassin vers l'avant. Garde les coudes souples et laisse les avant-bras s'avancer pour accompagner l'encolure qui s'étend.

3. Fléchir les coudes

Le cheval est en suspension. Aucun de ses pieds ne touche le sol, il ramène ses postérieurs sous lui. Sa croupe s'abaisse et il pose un antérieur sur le sol. Pendant cette phase, tu sens ta monture se rassembler et presque monter sous toi. Tes coudes se fléchissent souplement. Les rênes restent tendues.

4. Dégager la tête des épaules

Le cheval pose un bipède (un antérieur et un postérieur en même temps). Son encolure recommence à s'étendre et il avance l'autre antérieur. En gardant le rein toujours souple, accompagne le mouvement de ta monture sans pencher le buste en avant ni rejeter les épaules vers l'arrière. Pour éviter ces deux défauts, dégage bien la tête des épaules et regarde loin devant toi. Garde les jambes au contact des flancs.

5. Repasser au trot

Pour repasser au trot, redresse le buste en te grandissant, les épaules en arrière. Les poignets suivent le mouvement en s'élevant légèrement. Ferme tes doigts sur les rênes. Dès que le cheval repasse au trot, ouvre les doigts et baisse les mains.

Le galop en suspension

La position en équilibre au-dessus des étiers – dite "en suspension" – est confortable et permet au cavalier, par la souplesse de ses articulations, d'amortir les mouvements du cheval. Elle demande toutefois un certain effort musculaire. À toi de jouer !

1. Trouver la bonne position

Pour te mettre en suspension, incline légèrement ton buste en avant et soulève tes fesses de quelques centimètres au-dessus de la selle. Tes étriers sont chaussés au tiers du pied et tes talons tenus plus bas que la pointe. Tes mollets sont au contact, tes jambes, légèrement en arrière de la sangle, “enveloppent” ton cheval.

2. Soulager le cheval

Le galop en suspension n’a pas pour seul but d’aider le cavalier à amortir les secousses : elle soulage aussi le cheval en dégageant son dos. Les jarrets sont également moins sollicités. Ainsi épargnée, ta monture peut améliorer ses performances. La suspension s’utilise beaucoup en extérieur, pour s’adapter aux variations du terrain et soulager le cheval dans son effort, ainsi qu’à l’obstacle et en course.

3. Rester souple

Toutes tes articulations doivent rester souples et s’appliquer à suivre sans heurts les mouvements de ton cheval : hanches, genoux et chevilles jouent constamment. Tes bras s’étendent et se replient pour accompagner le déplacement de l’encolure de ta monture. Cette position permet la vitesse !

4. Renforcer sa musculature

Lorsque tu galopes en suspension, ta position met à contribution les muscles de tes cuisses et tes fessiers, et tu risques de souffrir de courbatures. Voici des mouvements pour renforcer ta musculature. En équilibre sur la pointe des pieds, les jambes droites, les bras tendus de chaque côté, accroupis-toi, en ramenant les bras devant toi. Ton dos doit rester droit et tes genoux serrés. Remonte en écartant les bras. Souffle en descendant, inspire en remontant. Te voilà prêt(e) pour galoper avec aisance et sans en pâtir après !

Question / Réponse

Faut-il raccourcir les étriers ?

Pour galoper en suspension en manège, tu n’as pas besoin de raccourcir beaucoup tes étriers. Toutefois, au début, reprends de quelques trous, tu te sentiras plus à l’aise. Par la suite, chacun trouve la longueur qui lui convient pour chaque type de travail. En gros, la longueur des étriers est proportionnelle à l’importance des secousses attendues. À l’obstacle et en cross, on raccourcit de plusieurs trous pour pouvoir amortir les sauts. En course, les jockeys sont très au-dessus de la selle pour ne pas gêner le train du galop.

Mise en selle : s'assouplir et s'échauffer

Les exercices de mise en selle sont destinés à muscler, à assouplir et à donner confiance au cavalier. Ils font partie intégrante de l'apprentissage de l'équitation. Ne les néglige pas !

Question / Réponse

Que faire si mon cheval est chatouilleux ?

Pour la mise en selle, on utilise plutôt des chevaux calmes. Certains animaux chatouilleux ou trop nerveux, par exemple, n'aiment pas qu'on leur touche la croupe. Si c'es le cas de ta monture, lorsque tu réalises l'exercice numéro 4 et descends ton buste en arrière, ne va pas jusqu'à la croupe.

1. Décontracter la nuque

Une fois en selle, déchausse tes étriers et croise-les devant la selle. Commence par quelques rotations de la tête : la nuque est une zone fragile, souvent contractée, qu'il faut traiter avec douceur. Tourne la tête de droite à gauche et de gauche à droite, en portant ton regard aussi loin que possible derrière toi. Laisse ensuite tomber le menton sur la poitrine, puis fais rouler doucement ta tête de droite à gauche et de gauche à droite.

2. Échauffer les épaules et les bras

Livre-toi ensuite à quelques mouvements pour échauffer et décontracter tes épaules et tes bras : rotation des épaules de l'avant vers l'arrière et de l'arrière vers l'avant, bras pendants ; ciseaux avec les bras tendus à l'horizontale. Termine par quelques rotations du buste, les bras tendus à l'horizontale ou les poings sur les épaules.

3. Travailler fessiers et jambes

Passe maintenant aux fessiers et aux jambes. Fléchis ta jambe et attrape ton pied avec la main du même côté. Tire ton pied vers la fesse pour étirer les muscles de la cuisse et les ligaments du genou et de la cheville. Fais ensuite quelques battements de jambe : les jambes étant tendues, écarte-les des flancs du cheval, bien perpendiculairement à ceux-ci, par petits battements, sans les laisser retomber et toucher le cheval.

4. Assouplir l'ensemble du corps

Pour assouplir et étirer l'ensemble de ton corps, fais des flexions : penche-toi vers l'avant, en laissant tes bras pendre le long des épaules du cheval, jusqu'à ce que ton front touche sa crinière. Tes jambes bien serrées restent en place. Redresse-toi en contractant les abdominaux, puis laisse ton buste partir vers l'arrière, jambes toujours bien fermes à leur place. Descends jusqu'à ce que ta tête touche la croupe du cheval.

5. Les genoux au-dessus de la selle

Pour finir, attrape le pommeau avec une main ; lève les genoux au-dessus de la selle, les pieds au niveau des quartiers, et pousse tes fesses vers l'avant de la selle. Rassieds-toi et donne des coups de talon vers le bas, d'un côté, puis de l'autre, pour faire descendre tes jambes. Pour terminer, attrape un pli de ton pantalon derrière la cuisse, puis tire-le vers l'avant : ce geste remet la cuisse sur son plat. Tout ce travail contribue à te rasseoir correctement dans la selle.

Quelle longueur pour les étriers ?

Pour régler tes étriers, fais-les glisser le long des étrivières, et passe la boucle dans le bon trou. Puis fais coulisser l'étrivière jusqu'à ce que la boucle arrive sous le petit quartier de la selle.

CHACUN SA LONGUEUR
Le pied doit porter naturellement de tout son poids sur l'étrier, chaussé au tiers du pied.

1. Le réglage moyen

Pour un simple travail sur le plat ou pour une suspension légère, adopte un réglage moyen. Règle tes étriers de façon à ce que le plancher de l'étrier (la partie la plus basse) arrive sensiblement au niveau de la cheville lorsque ta jambe tombe naturellement, étrier déchaussé. Tu dois pouvoir chausser en remontant la pointe du pied, sans fléchir le genou.

2. Chausser pour le dressage

En dressage, tu travailles généralement assis(e), pour sentir le moindre déplacement de ta monture. Tes jambes, très descendues, enveloppent le corps du cheval et agissent avec précision. Dans l'idéal, tu dois alors chausser quatre à cinq trous plus long par rapport à la moyenne. Mais cet allongement des étriers ne peut se faire que progressivement, au fur et à mesure que ton assiette et ta position s'améliorent.

3. Chausser pour l'obstacle

Pour une séance d'obstacle, tu dois chausser plus court afin d'amortir sans difficulté les sauts. En général, on raccourcit d'environ trois ou quatre trous par rapport à la moyenne, parfois plus. Et en cross, où la vitesse accroît encore les problèmes d'équilibre, la plupart des cavaliers chaussent encore plus court qu'en concours hippique.

Comment régler tes étriers à pied ?

Pour régler les étriers avant d'être sur le cheval, glisse la main sous le *petit quartier* de la selle et tend le bras. De l'autre main, amène l'étrier sous ton aisselle. L'*étrivière* doit être tendue lorsque la semelle de l'étrier touche ton aisselle. Règle alors l'étrivière en l'allongeant ou en la raccourcissant de plusieurs trous. Tu ajusteras ce premier réglage une fois à cheval.

LEXIQUE

- **Étrivière :** Lanière de cuir qui relie l'étrier à la selle.
- **Petit quartier :** Petit rabat de la selle protégeant l'attache de l'étrivière.

Les problèmes du débutant

Les débutants butent régulièrement sur certaines difficultés. Voici des réponses simples aux problèmes les plus fréquents qu'ils rencontrent.

1. Le cheval qui ne ralentit pas

Tu as beau fermer les doigts, ton cheval ne ralentit pas et ne veut pas s'arrêter. Que faire ?
Pour ralentir, ta monture doit utiliser son arrière-main. Afin de l'inciter à mobiliser ses postérieurs, prépare l'arrêt avec des jambes au contact, puis reporte ton propre poids vers l'arrière en te redressant. Et n'oublie pas qu'une action nette et ferme vaut mieux qu'un geste qui se prolonge sans donner le résultat attendu.

2. Le cheval qui ne tourne pas

Tu bascules le poignet et écartes la main, mais ton cheval ne tourne pas. Pourquoi ? En général, ce problème est dû à un manque d'impulsion. Pousse ton cheval avec les jambes et l'assiette pour qu'il s'engage sur la courbe. Tu ne dois pas trop écarter la main dans la direction à prendre. Ajuste correctement tes deux rênes et accompagne le mouvement de l'encolure en conservant un contact équilibré sur les deux rênes.

3. Le cheval qui se traîne

Tu ne cesses de donner des coups de talon, et pourtant ton cheval se traîne. Comment réagir ? Certains chevaux d'instruction, blasés, deviennent un peu "tire-au-flanc". Ils ne sont plus très sensibles aux aides. Il faut donc se montrer très ferme. Pour le faire avancer, ferme vigoureusement les talons, en pinçant les flancs du cheval vers l'avant. Renforce l'action d'un appel de langue et, si nécessaire d'un petit coup de cravache derrière la jambe. N'oublie pas d'ouvrir les doigts. En revanche, évite de le talonner en permanence : mieux vaut intervenir énergiquement une fois de temps en temps !

4. Le cheval qui arrache les rênes

Dès que tu prends le galop, ton cheval accélère et cherche à t'arracher les rênes. Comment le contrôler ? Garde à l'esprit que l'impulsion est nécessaire même dans le ralentissement, et n'abandonne pas toute action de jambe. Pour garder le contrôle, fais des demi-arrêts : relève les mains de quelques centimères d'un geste net en te redressant, sur des rênes ajustées, et rends aussitôt. Recommence si nécessaire, mais n'exerce pas une action continue : le cheval opposerait sa force à cette tension en cherchant à te tirer vers l'avant.

Question / Réponse

Comment réussir à trotter assis ?

Le trot assis semble inconfortable aux débutants. La meilleure façon de s'y habituer est de déchausser les étriers. Ainsi, on apprend à s'asseoir bien en arrière dans la selle en laissant descendre ses jambes. On comprend le mouvement des reins et la position du bassin nécessaires à une bonne assiette.

La première balade

Ça y est ! Tu vas pouvoir faire ta première balade. Ne t'inquiète pas : la promenade est plus facile qu'une reprise en manège. Mais respecte bien les règles suivantes...

LEXIQUE

- **Balancier :** Ensemble comprenant la tête et l'encolure. Sa position déplace le centre de gravité et modifie l'équilibre du cheval.

1. Garder sa place

Souvent, le moniteur préfère placer les chevaux dans un ordre précis. Il les répartit selon leurs affinités et les cavaliers, selon leur compétence. Surtout, garde ta place dans la file, ne cherche pas à doubler le cheval qui est devant toi.

2. Respecter les distances

Pour des raisons de sécurité, tu dois garder tes distances : 1,50 à 2 m entre la queue du cheval qui te précède et le nez de ta monture. Ne laisse pas non plus cette distance s'accroître de façon importante : ton cheval serait ensuite tenté de rattraper les autres en partant au galop, ce qui sèmerait une certaine agitation parmi eux.

3. Pas trop de jambes

Inutile de solliciter ton cheval en permanence avec les jambes : il n'y prêterait même plus attention. Laisse-le marcher à son pas ; ne le stimule-le avec les jambes, l'assiette ou la voix que s'il ralentit. Des rênes très ajustées (comme ci-contre) ne conviennent pas en extérieur : ton cheval a besoin de disposer librement de son *balancier* pour marcher d'un bon pas.

4. Galoper en sécurité

Avant de galoper, le moniteur préviendra les cavaliers. Ajuste alors tes rênes : dès que le cheval de tête prend le galop, les autres suivent. Le tien le fera donc aussi sans que tu aies à le lui demander. Ferme simplement tes jambes et ouvre tes doigts. Mets-toi en suspension et pense à accompagner le mouvement de l'encolure. Regarde devant toi et fais attention aux branches basses !

5. Monter, descendre

Lors de ta première sortie, tu découvriras quelque chose que le manège ou la carrière ne pouvait t'offrir : les montées et les descentes. C'est amusant et excitant. En descente, reste assis(e) en t'appuyant sur tes étriers. En montée, mets-toi en suspension et attrape une poignée de crins pour t'aider si nécessaire.

Les problèmes en balade

Parfois, une balade à cheval peut être gâchée par quelques incidents sans gravité, mais qui inquiètent le cavalier débutant. Voici quelques trucs pour résoudre ces problèmes.

Question / Réponse

Peut-on galoper au botte à botte ?

Lorsqu'on galope en groupe, mieux vaut rester en file indienne en gardant ses distances. Si l'on se met au botte à botte, les chevaux risquent de faire la course et le petit galop peut se transformer en débandade incontrôlable.

1. Que faire devant un point d'eau ?

En arrivant devant une grosse flaque ou un petit ruisseau, ton cheval peut refuser d'avancer. Laisse filer les rênes pour lui donner la possibilité de baisser le nez et d'observer ce qui lui fait peur. Attends patiemment qu'il s'en désintéresse, puis incite-le à passer. S'il refuse, demande à un autre cavalier de passer devant toi.

2. Que faire quand mon cheval broute ?

Dès qu'il fait mine de baisser le nez pour arracher une touffe d'herbe, dis « Non ! » en donnant énergiquement des jambes. S'il ne se porte pas aussitôt en avant, renforce ton ordre avec un petit coup de cravache derrière la jambe.

3. Que faire si mon cheval "embarque" ?

Essaye de le mettre sur un cercle – si le terrain s'y prête. Réduis de plus en plus le cercle, ce qui l'obligera à ralentir. S'il est impossible de tourner, fais des demi-arrêts : pose une main sur le garrot, rêne tendue, et agit avec l'autre d'un geste ferme, vers le haut, en redressant le buste. Pas de tension continue, sur laquelle le cheval pourrait s'appuyer : une action brève, aussitôt interrompue, et reprise si nécessaire.

4. Que faire en cas de cavalcade généralisée ?

Parfois, l'excitation d'un cheval se communique à tout le groupe. Les chevaux partent au galop dans tous les sens. Il faut reprendre rapidement le contrôle de sa monture, sans s'affoler ni crier. Agis par des demi-arrêts pour obliger ton cheval à ralentir et efforce-toi de te mettre sur un cercle en te rapprochant si possible du moniteur.

5. Que faire en cas de chute ?

Lorsqu'un cavalier tombe en extérieur, deux choses sont à faire : s'assurer qu'il n'a rien de grave et rattraper son cheval. Un cavalier descend, tient son cheval et celui d'un autre cavalier qui s'approche de la personne à terre. Pendant ce temps, deux autres cavaliers s'efforcent de rattraper le fuyard en restant au pas ou au petit trot. Un cavalier à pied l'aborde ensuite doucement en s'avançant face à lui, main tendue.

Monter à cru

Monter à cru donne des sensations grisantes et améliore l'assiette, mais il ne faut pas oublier les règles élémentaires de sécurité. Sans selle, d'accord, mais jamais sans casque !

Question / Réponse

Et si l'on a peur à cheval ?

La monte à cru peut être une vraie thérapie : ce rapprochement "peau contre peau" a beaucoup de vertus. Des cavaliers figés, anxieux, traumatisés, réussissent à se décrisper en pratiquant ce type de monte. La sensation du cheval "vivant" sous ses fesses est plus naturelle et donne en général de l'aisance.

1. L'intérêt de la monte à cru

Dans nombre de poney-clubs, les jeunes enfants commencent par monter à cru. Il y a deux raisons à cela : les petits poneys sont souvent ronds comme des ballons et il n'est pas facile de faire tenir une selle sur leur dos. Cette même rondeur offre aux cavaliers en herbe un siège parfaitement moelleux. Comme monter sans selle est l'un des meilleurs moyens d'acquérir une excellente assiette et un vrai sens de l'équilibre, autant commencer ainsi !

2. Choisir la bonne monture

Si tu souhaites monter à cru, n'enfourche pas n'importe quelle monture. Sur un cheval ayant un garrot prononcé et une colonne vertébrale saillante, tu risques d'avoir plutôt mal aux fesses. Mieux vaut donc, avec l'aide de ton moniteur, choisir un animal plus enveloppé, à l'ossature moins apparente.

3. Monter

La véritable difficulté de la monte à cru, mis à part les éventuels problèmes d'équilibre, c'est le montoir. Sur un petit poney, tout va bien, mais sur un cheval, c'est beaucoup plus difficile ! Mets-toi face à son flanc gauche, une main sur la base de l'encolure et l'autre sur son dos. Fléchis les genoux et propulse-toi vers le haut, afin de t'élever sur tes bras tendus. Ensuite, bascule le buste vers l'encolure en passant la jambe droite par-dessus la croupe. Pour t'exercer, commence avec un petit cheval tenu en main.

4. Faire corps avec le cheval

Une fois sur le dos de ton cheval, tu sens tous ses mouvements. Pour les suivre, tu dois véritablement faire corps avec lui : tes jambes adhèrent à ses flancs, tes reins encaissent souplement. Essaye d'abord au pas, puis au trot et au galop. Tu sentiras vite des sensations grisantes. Au début, contente-toi d'une séance courte, car tes muscles sont très sollicités, tes jambes travaillent dur. Et gare aux courbatures le lendemain !

5. S'entraîner souvent

Prends régulièrement l'habitude de faire des séances à cru, sur terrains variés. À la longue, tu vas acquérir non seulement une assiette plus fine et plus sensible, mais tu développeras aussi une relation plus étroite avec ton cheval. Cette perception directe de l'animal et de ses mouvements est très instructive.
De nombreuses méthodes américaines préconisent un travail "nu", avec un harnachement réduit au strict minimum.

Poney ou cheval, que choisir ?

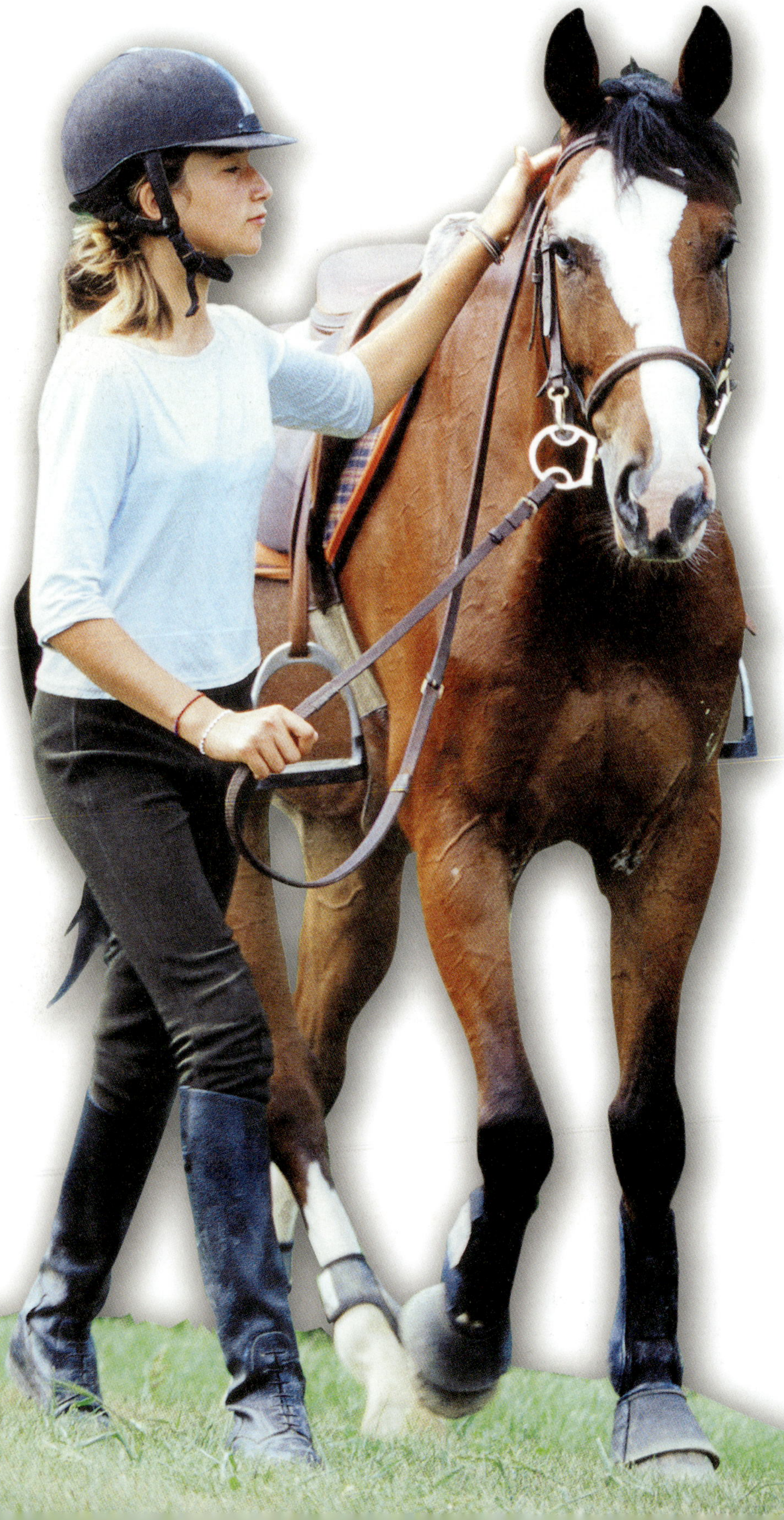

Autrefois, les enfants apprenaient à monter directement sur des chevaux. Mais aujourd'hui, les poneys-clubs se sont multipliés. Quelle monture est la plus profitable aux cavaliers en herbe : cheval ou poney ?

1. Une question de taille

Si tu es très jeune (moins de 10 ans), il te sera plus facile de monter un petit poney. Il n'est pas toujours aisé de brosser le dos d'un cheval, encore moins de le brider et de se hisser dessus ! De plus, un cheval est impressionnant pour un enfant, surtout si tu débutes.

2. Une ambiance ludique à poney

Lorsqu'on monte à poney, l'atmosphère est aussi plus ludique. Le moniteur accorde une grande place aux jeux. L'équitation est ainsi enseignée d'une manière vivante et amusante. Tu apprendras à être vite à l'aise et, plus tard, tu montreras moins d'appréhension que si tu avais été formé(e) directement avec un cheval.

3. À cheval à quel âge ?

Arrive un moment où tu vas devoir te séparer de tes chers poneys pour monter à cheval. C'est surtout ta taille qui va déterminer la date où ce changement est nécessaire, quand tes jambes seront devenues vraiment trop longues. Mais ta maturité compte aussi. À partir de 12 ans, tu trouveras peut-être que l'atmosphère "poney" et tes compagnons de reprise font un peu trop "maternelle"… L'heure est venue d'envisager la transition, que tu ne dois surtout pas considérer comme une "déchirure" !

4. Passer à une monture plus grande

S'il y a des avantages à commencer à poney, cela présente aussi quelques inconvénients : les petits poneys n'ont guère de dresseurs à leur taille, ce qui fait que, souvent, ils sont peu dressés. Tu ne pourras donc pas acquérir avec eux des aides subtiles. Dès que tu grandis, passe à une monture un peu plus grande – double poney – et plus finement dressée.

Question / Réponse

Apprend-on autant à poney ?

Ce n'est pas parce qu'il règne une atmosphère de jeu au poney-club que l'on n'apprend pas à y monter comme un pro, au contraire. Les enfants peuvent d'ailleurs faire des compétitions à poney, se familiariser de bonne heure aux terrains de concours et disputer des épreuves très sérieuses !

DEVENIR UN BON CAVALIER

Ajuster le filet et le licol

Tu sais passer le filet et le licol au cheval. Mais, arrivé à un certain niveau, tu dois être capable de régler ces harnachements pour qu'ils soient correctement ajustés à la tête de ta monture.

LEXIQUE

- **Auge :** L'auge est un creux situé sous la tête du cheval, entre les ganaches.

1. Régler le filet approximativement

Avant de passer le filet à ton cheval, procède à un réglage approximatif en tenant le filet à côté de sa tête. Ainsi, il ne se retrouvera pas avec la bouche fendue ou avec le mors dans les incisives lors de l'essayage.

2. Ajuster les montants du filet

Bride, en t'assurant que le frontal est à sa place : il ne doit pas pincer les oreilles ni bâiller sur le front. Ajuste les montants du filet en reprenant ou en relâchant le même nombre de trous à droite et à gauche. Le mors doit appuyer légèrement sur les commissures sans les faire plisser.

3. Régler la muserolle et la sous-gorge

Règle à présent le montant de la muserolle. La muserolle française doit venir se placer à deux doigts environ sous les apophyses zygomatiques. Ensuite, règle la muserolle : tu dois pouvoir glisser facilement deux doigts entre le cuir et la peau du cheval au niveau du chanfrein. Enfin, contrôle le réglage de la sous-gorge en passant le poing fermé entre la lanière et la gorge du cheval.

4. Bien placer la boucle du licol

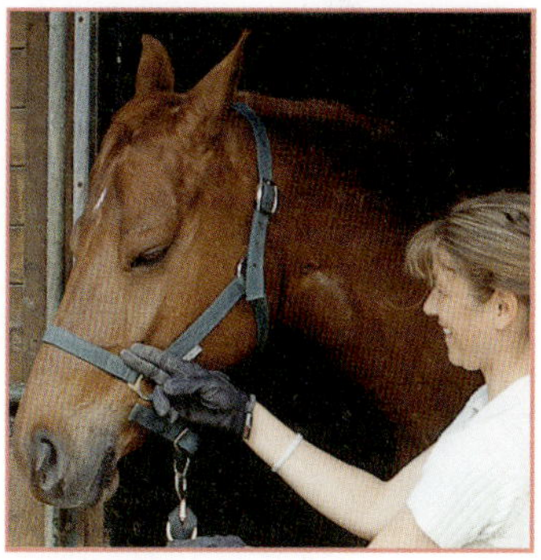

À présent, entraîne-toi avec le licol. Selon la longueur du licol et le réglage de la têtière, la muserolle descendra plus ou moins bas sur le chanfrein. La boucle qui relie la muserolle et le montant doit venir se placer, des deux côtés de la tête, à environ deux doigts de l'apophyse zygomatique.

5. Éviter la muserolle trop lâche

Si la muserolle est réglable, ajuste-la : tu dois pouvoir passer un travers de main entre le creux de l'*auge* et la lanière. Une muserolle trop lâche peut être dangereuse. Vérifie enfin que la sous-gorge n'est pas trop serrée : tu dois pouvoir passer entre la lanière et la gorge.

La bonne position

La position du cavalier est très importante : c'est elle qui détermine l'assiette, l'efficacité et le confort. Pourtant, le débutant n'a pas le sentiment que la position qu'on lui impose soit la plus confortable, ni la plus sûre ! Il lui faut le temps d'acquérir musculature et souplesse.

Question / Réponse

Les courbatures sont-elles normales ?

Oui, au début. L'équitation fait travailler certains muscles qui ne sont guère sollicités dans la vie courante, notamment les muscles de l'intérieur des cuisses et les fessiers. Tu ne te sentiras pas à l'aise tant que ces muscles ne seront pas faits et ne s'accompagneront pas d'une solide sangle abdominale.

1. Ne pas se figer

Tout d'abord, ne cherche pas à te figer dans une attitude immuable. Tu dois savoir que la bonne position varie selon la nature du déplacement du cheval. On n'adopte pas la même posture pour marcher rênes longues ou pour sauter, et on adapte constamment sa position !

2. Deux positions essentielles

On distingue la position assise et la position en suspension. La première est largement utilisée dans le travail sur le plat, au pas en extérieur, en dressage. On choisit la suspension pour les allures rapides, le travail à l'obstacle et pour s'adapter aux variations de terrain. Il existe une position intermédiaire : le trot enlevé ; le cavalier se lève un temps sur deux en rythme avec le trot du cheval.

3. La position assise

Tiens la tête droite. Tes épaules sont effacées, basses, décontractées. Ton dos est droit ; ton bassin légèrement basculé vers l'avant. Tes mains sont dans le prolongement de l'avant-bras. Tes genoux ne s'écartent pas de la selle. Assis sur le gras des fesses, tes cuisses sont posées bien à plat. Elles adhèrent à la selle sur toute leur longueur et sont tirées vers le bas par le poids de tes jambes. Tes étriers sont chaussés au tiers du pied, le talon étant plus bas que la pointe.

4. La position en suspension

Pour te mettre en suspension, déplie les genoux et incline un peu ton buste en avant. Tu adoptes ainsi une position en équilibre sur les étriers, les fesses légèrement soulevées au-dessus de la selle. Tu encaisses plus facilement les secousses et tu soulages le cheval dans ses efforts.

5. À l'obstacle

Quand ta monture prend son appel pour sauter, soulève-toi en même temps que le cheval s'enlève. Au-dessus de l'obstacle, tes coudes sont souples et tes mains accompagnent l'extension de l'encolure, rênes tendues, au contact. Accentue la flexion de tes genoux. Étire-toi comme un chat : les fesses restant en place au-dessus de la selle, allonge tes bras et ton dos. Quand ton cheval bascule pour redescendre, redresse ton buste en gardant le contact avec la bouche, sans à-coups.

L'assiette, c'est essentiel

Une fois que tu t'es familiarisé(e) avec les aides et que tu deviens capable de les employer correctement, tu t'aperçois que l'assiette est un peu la clé de voûte de toutes tes actions. Sans elle, point de salut ! Alors, essaye d'améliorer la tienne.

Question / Réponse

Faut-il de l'assiette à l'obstacle ?

Bien sûr ! L'assiette n'a rien à voir avec le fait d'être assis ! C'est l'équilibre et le liant qui te permettre se suivre tous les mouvements de ton cheval en restant souple et solide en selle. Ainsi, le cavalier en suspension qui suit le saut de son cheval au-dessus d'un oxer de 1,50 m jouit d'une parfaite assiette, qu'on ne peut pourtant pas qualifier d'"assise".

1. Comprendre ce qu'est l' "assiette"

Le terme "assiette" est à la fois simple et complexe. C'est en fait l'équilibre et le liant du cavalier à cheval, qui lui permette d'accompagner toujours souplement les mouvements de sa monture en restant parfaitement solide en selle. Elle dépend de la position générale du cavalier, de son équilibre, de chacun de ses gestes. Un cavalier qui a une bonne assiette semble toujours faire corps avec son cheval et communique discrètement avec lui.

2. S'asseoir confortablement

C'est d'abord assis que l'on apprend à faire corps avec son cheval. Il faut donc d'abord être assis de façon confortable. Assieds-toi sur le gras des fesses. Pour que cette position soit stable, tes jambes doivent être bien descendues, le talon à l'aplomb des hanches. Tes genoux ne sont pas tournés vers l'extérieur, tes cuisses sont posées bien à plat, ce qui assure leur bonne adhérence.

3. Garder le buste droit

Le bas étant en place, il faut que le haut reste également dans une posture qui favorise l'équilibre, l'assise, l'amortissement des déplacements dus au mouvement du cheval. Pour cela, garde ton buste droit, que tu sois en position assise ou en suspension, incliné vers l'avant. Tes reins sont souples, ton bassin accompagne les mouvements de ta monture.

4. Se décontracter

Te voilà en place, et pourtant, encaisser le trot assis ou les transitions te semble encore bien pénible. Que se passe-t-il ? Il te manque de la décontraction. La décontraction n'est pas de la mollesse, mais une souplesse générale qui permet à chaque partie du corps de rester indépendante des autres. Tes muscles restent toniques, tu dois te sentir dynamique, mais ni contracté(e) ni crispé(e).

5. Connaître le mécanisme des allures

L'assiette dépend pour beaucoup de l'entraînement physique. Une pratique régulière de l'équitation te permettra de développer des muscles, de la souplesse, et d'obtenir une assiette plus sûre, plus liante. Mais le mental compte aussi. Tu dois te familiariser avec le mécanisme de chacune des allures. Sachant parfaitement comment ton cheval se déplace, d'instinct, tu te placeras mieux.

Les aides

Pour communiquer avec ton cheval, tu utilises ce qu'on appelle les aides. On distingue les aides naturelles – mains, jambes, poids du corps, voix – et les aides artificielles – cravache, éperons.

Question / Réponse

Les aides agissent-elles isolément ?

Pas tout à fait. Même quand on utilise une jambe isolée, l'autre jambe et l'ensemble des aides disponibles s'accordent avec son action pour la renforcer ou la faciliter. Les aides ne doivent pas seulement agir, elles doivent savoir accompagner et, surtout, ne pas gêner !

1. Les mains

Tes mains agissent simultanément ou séparément. Elles permettent de tourner, d'arrêter le cheval, de régler sa vitesse (accélérer, ralentir), de modifier son attitude et notamment son placer et son incurvation, enfin d'influer sur son équilibre en reportant plus ou moins le poids de son corps vers l'arrière-main. Tes mains peuvent aussi flatter le cheval pour le récompenser ou le rassurer.

2. Les jambes

Comme tes mains, tes jambes agissent simultanément ou séparément. Utilise-les de façon discontinue par pression des mollets. Elles permettent de passer à une allure supérieure, d'accélérer, d'augmenter l'amplitude dans une même allure, de maintenir l'engagement des postérieurs dans les transitions descendantes, de déplacer les hanches latéralement par un effet de cession à la jambe, de contribuer à l'incurvation de l'ensemble du corps.

3. Le poids du corps

Par l'intermédiaire de l'assiette, le poids de ton corps agit sur l'équilibre du cheval, sur sa vitesse et sur ses déplacements latéraux. Emploie le poids du corps pour tourner, en regardant dans la direction où tu souhaites aller ; pour ralentir, en redressant le buste ; pour entretenir ou augmenter l'impulsion, ou accélérer l'allure, en poussant avec tes fesses dans la selle ; enfin, pour renforcer l'action d'une jambe isolée par un déplacement latéral de tes fesses ou une orientation de ton buste.

4. La voix

La voix est une aide très importante et trop négligée. Fondamentale pendant l'éducation du poulain et dans le travail à pied, elle mérite d'être plus largement employée dans toutes les situations. Le ton de la voix est déterminant : basse et traînante, elle rassure et apaise le cheval ; brève et sèche, elle le stimule ; forte et cassante, elle le gronde.

5. La cravache, les éperons

La cravache n'est pas forcément nécessaire. Elle agit par effleurements ou petites tapes sur l'épaule, pour stimuler une impulsion défaillante ; derrière la botte, pour renforcer l'action de la jambe. Ne l'utilise jamais de façon brutale. Les éperons augmentent, prolongent et précisent l'action de ta jambe. Il en existe, selon les montes, de toutes sortes, mais les éperons longs et blessants sont à proscrire.

L'accord des aides

Pour faire obéir ton cheval, tu utilises les aides naturelles (mains, jambes, voix...) et les aides artificielles (cravache, éperons, enrênement). Elles doivent bien s'accorder entre elles pour que ton cheval comprenne ce que tu attends de lui.

1. Déplacer les hanches

Ta jambe qui recule pousse les hanches du côté opposé. On parle de jambe isolée. Mais elle n'agit jamais seule ! Son action se conjugue avec celle de ton autre jambe et avec celle de ton assiette qui maintiennent l'impulsion et précisent le degré d'incurvation. Tes mains, quant à elles, engagent l'avant-main dans la même direction.

2. Incurver le cheval

Tu demandes à ton cheval de tourner par un effet direct. Ta main gauche agit, ta main droite cède. Ton buste doit être orienté dans la bonne direction et tes jambes doivent entretenir l'impulsion. Si toutes tes aides sont bien coordonnées, le cheval obéit dans le calme.

3. Ne pas donner d'ordres contradictoires

Sur cette image, la cavalière demande à son cheval de tourner à gauche par un effet direct, mais sans céder de la main droite : les ordres sont contradictoires et le cheval entre en défense.

4. Bien utiliser la cravache

La cravache peut agir par tapotement au niveau de l'épaule pour stimuler le cheval. Il suffit parfois de l'écarter légèrement de l'épaule pour que le cheval comprenne qu'il doit réagir. Utilisée par effleurement ou tapotement derrière la botte, la cravache renforce l'action de la jambe. Elle peut être une aide utile, mais quand tu l'emploies, fais bien attention de ne pas imprimer de secousses sur la rêne.

LEXIQUE

- **Avant-main :** Autrefois appelée "avant-train" (en avant du cavalier en selle), elle comprend la tête, l'encolure, la poitrine et les membres antérieurs.
- **Impulsion :** Désir naturel du cheval de se porter en avant ou mouvement provoqué par l'action des jambes du cavalier.

Qu'est-ce qu'une bonne main ?

Voilà une question que même les cavaliers confirmés – jusqu'au plus haut niveau – ne cessent de se poser. La main est en effet l'une des aides les plus délicates et il faut l'employer avec beaucoup de subtilité...

Question / Réponse

Existe-t-il plusieurs écoles ?

Oui. La façon d'utiliser les mains varie d'une école à l'autre et d'une discipline à l'autre. La tenue des rênes est différente en équitation western, où celles-ci sont lâches, et en équitation académique, où elles sont ajustées. Les cavaliers d'endurance n'utilisent pas leurs mains comme ceux de concours hippique, les randonneurs ne se font pas la même idée du "contact" qu'en dressage.

1. Le contact

En équitation académique, la notion de contact est très importante. Le cavalier doit monter avec des rênes ajustées, c'est-à-dire que ses mains sont en contact avec la bouche du cheval. Un bon contact est à la fois franc et léger. Le cheval vient sur son mors, confiant dans une main douce mais ferme et précise. Un mauvais contact est dur, irrégulier, flottant.

2. La fixité

Le second souci du cavalier est d'obtenir une main fixe : cela ne signifie pas une main bloquée, figée à la même place, mais une main qui se déplace pour accompagner souplement le mouvement de l'encolure, de façon à ce que la tension ressentie au niveau du mors soit égale et régulière. Ta main doit donc rester fixe par rapport à la bouche de ton cheval, qui ne reçoit pas d'à-coups. Dans certaines circonstances, comme ici, tu dois savoir laisser "filer" les rênes.

3. Savoir rendre

L'un des défauts les plus communs consiste à maintenir constamment une tension trop importante, alors qu'il faut agir de façon discontinue. Toute demande faite par l'intermédiaire des mains – un arrêt ou un ralentissement par exemple – doit être interrompue dès que le cheval a répondu. Ici, le cavalier ne cède pas alors que le cheval s'est arrêté. Pour échapper à une action de main injuste, son cheval s'encapuchonne.

4. Un prêté pour un rendu

De même, lorsque tu veux tourner, il faut savoir rendre d'une main ce que tu prends de l'autre. Pour tourner à gauche en rêne directe, le cheval s'incurve à gauche. Son encolure se ploie et le bout de son nez part vers la gauche. Pour que ce mouvement soit possible, ta main droite doit "rendre", en s'avançant légèrement, ce que prend ta main gauche.

5. Pas d'action brutale

Le mot clé d'une bonne main, c'est la légèreté. Une main légère donne un cheval confiant. Le summum de la légèreté, c'est d'arriver à se faire oublier ! Les tractions brutales sur les rênes, les "coups de sonnette" donnés dans la bouche compromettent le dressage. Un animal qui redoute l'action des mains ne se livre jamais complètement. Loin de faire confiance à la main, il cherche à lui échapper par des défenses.

Le bon contact

Pour bien monter à cheval, il faut avoir un bon contact avec la bouche de sa monture. Cette notion, déterminante dans la qualité du travail, doit être abordée dès que le cavalier maîtrise correctement ses aides de base.

Question / Réponse

Que faire si le cheval se défend ?

Si ton cheval encense (agite la tête), se défend à la moindre intervention de ta main, voire se cabre, tu dois faire inspecter sa bouche : il souffre sans doute d'un problème bucco-dentaire. Interroge-toi aussi sur ta main…

1. Qu'est-ce que le contact ?

Selon la définition des manuels d'équitation classique, le contact est "le rapport confiant, moelleux et permanent qui doit exister entre la main du cavalier et la bouche du cheval". Il devrait être constant pendant le travail, même à l'obstacle – ce qui n'est pas le cas ici.

2. Ajuster ses rênes

Pour établir le contact, commence par ajuster tes rênes. Si tu veux t'amuser à faire une comparaison explicite, tu peux utiliser l'image d'une conversation téléphonique. En ajustant tes rênes, tu établis la communication. Dès lors, les messages peuvent circuler de tes mains à la bouche du cheval et vice versa.

3. Doser ses aides

"Prends la parole" en agissant avec tes aides, mains, assiette, jambes. Le cheval va faire ce que tu lui demandes. Aussitôt qu'il a obéi, interromps-toi, cesse d'utiliser tes aides. Comme si, au téléphone, tu te taisais pour écouter parler ton interlocuteur… Tout en gardant la ligne téléphonique, évidemment, donc, le contact. Le contact est constant, mais l'action des aides, elle, intermittente.

4. Ne pas confondre contact et traction

Le contact doit toujours être léger, presque imperceptible. Il doit simplement empêcher les rênes de flotter. Pas de forte traction, surtout : celle-ci empêcherait toute action subtile. Sois donc le plus délicat possible dans le rapport que tu as avec la bouche de ton cheval : n'oublie pas, le mors est un morceau de métal qui porte sur les gencives.

5. Faire des pauses

Lorsque la conversation téléphonique est terminée, tu raccroches. Lors des pauses, indispensables, qui ponctuent la séance de travail, tu dois donc cesser tout contact et poser les rênes sur l'encolure. Si tu n'accordais aucun répit à ton compagnon, il finirait par considérer le contact comme une contrainte assommante et se montrerait beaucoup moins coopératif.

Le bon arrêt

L'arrêt paraît simple : pourtant, s'arrêter quand on veut n'est pas toujours facile ! Cet exercice représente une des difficultés des reprises de dressage et un élément fondamental dans l'éducation du cheval, quel que soit le type d'équitation pratiqué.

Question / Réponse

Le travail à pied est-il bénéfique ?

Oui. Un travail régulier à la longe et aux longues rênes permet d'obtenir d'excellents résultats sur l'attitude du cheval à l'arrêt. Si l'animal s'arrête parfaitement en longe et moins bien lorsqu'il est monté, c'est le cavalier qui doit se remettre en question.

1. S'arrêter représente un effort

Pour s'arrêter, le cheval, lancé vers l'avant, doit se redresser. Son poids est reporté sur ses hanches. Plus l'allure est rapide, plus l'effort pour s'arrêter net est important. L'animal doit en effet remonter l'encolureet la tête, et engager ses postérieurs sous lui, sollicitant vivement son dos, ses abdominaux et ses cuisses – comme l'illustre de façon extrême, ci-contre, le fameux *sliding stop* utilisé en équitation western.

2. L'assiette avant tout

Dans l'objectif du dressage pur, le cheval doit s'arrêter droit, parfaitement d'aplomb : les membres sont parallèles entre eux, de face et de profil. Pour tendre vers cet arrêt parfait, dit "carré", tu dois jouir d'une bonne assiette et avoir les mains fixes. Demande d'abord l'arrêt avec l'assiette : redresse-toi pour que ton cheval fasse de même.

3. Savoir céder

Ne tire pas sur les rênes, comme ici : cela ferait creuser l'encolure de ton cheval, ainsi que son dos, le mettant dans une position qui rendrait l'arrêt difficile. Ferme juste les doigts sur les rênes, en soutenant légèrement les poignets. Tes jambes restent au contact afin que le cheval ne réduise pas son engagement, précipitant l'allure ou ralentissant progressivement. Dès qu'il s'arrête, cède dans tes mains et laisse descendre tes jambes.

4. "Se poser" mentalement

Si tu ne cèdes pas dans tes aides, ton cheval peut "se traverser" : au lieu de s'arrêter et de rester d'aplomb, il fait un ou plusieurs pas de côté avec les seuls postérieurs ou avec les quatre membres. Parfois, le cavalier cède dans ses mains et dans ses jambes mais reste tendu ou anticipe déjà la suite de l'action. Pour obtenir un bon arrêt, il faut donc apprendre à "se poser" mentalement.

5. Repartir

Ne prolonge pas l'arrêt indéfiniment avec des rênes ajustées, la capacité de concentration de ton cheval n'y résisterait pas : il risque de s'agiter ou de reculer. Si tu veux que ton cheval reste longtemps immobile, rends les rênes : cela deviendra une pause qu'il acceptera volontiers. Pour repartir, réajuste les rênes, ouvre les doigts, pousse légèrement avec ton assiette et ferme tes jambes.

Les allures

L'allure est la façon dont le cheval se déplace et, plus précisément, l'ordre et la manière dont il pose ses pieds. Apprends à reconnaître les différentes allures, qu'elles soient naturelles ou artificielles, ainsi que leurs défauts.

Question / Réponse

Que sont les mouvements sur place ?

Ce sont des mouvements que le cheval exécute en restant sur place. Ils peuvent être naturels, comme le cabré ou la ruade, ou artificiels, c'est-à-dire acquis par le dressage, comme la croupade (le cheval lève la croupe et lance haut ses postérieurs) ou la courbette (le cheval se dresse élégamment sur ses postérieurs, les antérieurs étant portés et fléchis).

1. Les allures naturelles

On qualifie de naturelles les allures que le cheval adopte spontanément, d'instinct. Ce sont le pas (à quatre temps), le trot (à deux temps), le galop (à trois temps), le reculer et le saut. L'amble (le cheval pose ses pieds par bipèdes latéraux) et le tölt (allure à quatre temps très rapide, illustrée ici) sont également classés parmi les allures naturelles pour certaines races.

2. Les allures artificielles

Les allures artificielles sont celles que le cheval acquiert au cours du dressage. Ce sont le pas d'école (le cheval lève très haut l'antérieur et l'étend loin devant lui, comme ci-dessus) et le passage (un trot très élastique de cadence lente au cours duquel le cheval relève beaucoup les membres).

3. Qu'est-ce qu'une allure défectueuse ?

Les allures sont dites défectueuses lorsque le cheval déplace ses membres d'une façon qui ne correspond pas à une allure type. Ces allures apparaissent à la suite d'une souffrance, d'une fatigue ou d'un mauvais maniement du cheval.

4. L'aubin

L'aubin est une allure défectueuse que le cheval adopte parfois de façon passagère quand il est déséquilibré ou fatigué. Il galope avec les antérieurs et trotte avec les postérieurs, ou galope avec les postérieurs et trotte avec les antérieurs. Dans le premier cas, on dit qu'il est aubin du devant. Dans le second, qu'il est aubin du derrière.

5. Le traquenard

On appelle traquenard un trot désuni. Le cheval ne pose pas le postérieur et l'antérieur d'un bipède diagonal en même temps. On entend alors une sorte de trot à trois ou quatre temps, au lieu de deux.

Entretenir l'allure

Tu sais faire passer ton cheval au pas, au trot et au galop. En principe, il doit maintenir l'allure choisie jusqu'à ce que tu lui indiques de la modifier. Si ce n'est pas le cas, tu dois le stimuler avec tes aides.

1. Être soi-même plein d'énergie

Beaucoup de chevaux ont tendance à réviser leur allure à la baisse après quelques foulées. C'est particulièrement vrai en manège ; en extérieur, ils sont davantage stimulés et se portent plus volontiers en avant. Certains, cependant, restent de vrais traînards, même en balade ! Pour inciter ton cheval à maintenir sa cadence, la première règle est d'être toi-même rempli(e) d'énergie et de détermination. Les chevaux sont des animaux très réceptifs !

2. Accompagner le cheval

Quand ton cheval est dans l'allure demandée, accompagne-le souplement. Si tu sens qu'il commence à mollir, pousse-le avec ton assiette. Si nécessaire, serre les mollets, toujours de façon nette et brève : une pression dynamique, aussitôt interrompue.

3. Utiliser la cravache

Un léger rappel de la cravache peut être utile : une simple tape sur l'épaule ou derrière la jambe. Son action bien dosée est plus efficace que de constants coups de talon ; c'est aussi moins pénible pour le cheval. Mieux vaut intervenir rarement, mais nettement, que tout le temps sans conviction ! Accompagne éventuellement ton geste d'un appel de langue. Ensuite, le seul appel de langue peut suffire à stimuler ton cheval.

4. Anticiper dans les tournants

Souvent, c'est dans un tournant que le cheval repasse à l'allure inférieure, car le fait de tourner lui demande un effort supplémentaire : il doit s'incurver et engager plus fortement ses postérieurs. Le soutien de l'assiette et des jambes permet de prévenir le ralentissement. En arrivant dans le coin, pousse légèrement ton cheval avec ton assiette. Amène tes jambes au contact en reculant légèrement la jambe extérieure. C'est une façon de dire à ta monture : « Attention, il va falloir faire un petit effort supplémentaire ! »

Question / Réponse

Pourquoi mon cheval ralentit-il ?

Le cheval ne ralentit pas toujours par paresse. Bien souvent, sans s'en apercevoir, c'est le cavalier qui gêne son impulsion : il donne des jambes sans ouvrir les doigts sur les rênes ; il "s'accroche" aux rênes aux allures vives ; il agit vers l'arrière en faisant une rêne d'ouverture, etc.

Les transitions

Qu'il s'agisse de passer d'une allure à l'autre, ou de varier l'amplitude des foulées dans une même allure, les transitions constituent l'une des meilleures gymnastiques pour le cheval de dressage.

Question / Réponse

Et les transitions au pas ?

Les transitions dans l'allure au pas sont une excellente préparation au piaffer, à condition de maintenir le cheval dans un placer correct assez haut, afin qu'il n'allonge pas en "s'aplatissant", donc en chargeant ses épaules. C'est pourquoi il ne faut aborder ce travail qu'avec un cheval déjà bien mis et léger sur la main.

1. Les transitions simples

Commence par travailler les transitions simples, c'est-à-dire les transitions d'une allure à l'allure immédiatement supérieure ou inférieure : de l'arrêt au pas, du pas au trot, du trot au galop et inversement. De bonnes transitions ne peuvent être obtenues qu'avec un cheval attentif, dans l'impulsion, tendu, qui répond parfaitement aux aides.

2. Les transitions ascendantes

Pour demander le passage dans une allure supérieure, formule ta demande d'un geste ferme, rapide et net des jambes, éventuellement de l'assiette, sans agiter tes mains et, surtout, en prenant soin d'ouvrir légèrement les doigts mais sans perdre le contact.

3. Les transitions descendantes

Obtenir une bonne transition descendante demande un peu plus de travail, surtout avec un jeune cheval. Il faut amener l'animal à venir progressivement sur la main et à céder dans sa mâchoire : seule cette pleine acceptation de la main, dans la décontraction, qui implique un bon engagement des postérieurs et un bon soutien de la ligne du dessus, permettra d'obtenir des transitions descendantes satisfaisantes.

4. Au trot

Commence par travailler le trot. L'allongement au trot se travaille à la sortie d'un cercle dessiné à une extrémité du manège. En arrivant sur le grand côté, demande l'allongement par une pression très nette et sèche des mollets. La transition descendante doit être franche : demande-la dans les toutes dernières foulées avant d'aborder le coin.

5. Au galop

Ne demande d'allongement au galop que lorsque le cheval est suffisamment équilibré dans cette allure pour maintenir un galop de travail actif et régulier sur un cercle de 20 m. L'allongement se demande sur le grand côté en poussant avec le bassin. Il faut reprendre le cheval, en se grandissant, avant d'arriver dans le tournant.

La cravache, à quoi ça sert ?

Une cravache peut te rendre de nombreux services. Elle précise et appuie tes demandes, accroît ton autorité. Mais il faut savoir l'utiliser correctement... et ne pas en abuser.

Question / Réponse

La cravache, instrument de correction ?

La cravache est souvent employée pour corriger un cheval – une petite tape sèche suffit amplement, jamais de coups ! Cet usage reste délicat et souvent contestable. Il faut d'abord être certain que l'on n'a pas soi-même commis une erreur. Une punition mal donnée fait plus de dégâts qu'une désobéissance non corrigée.

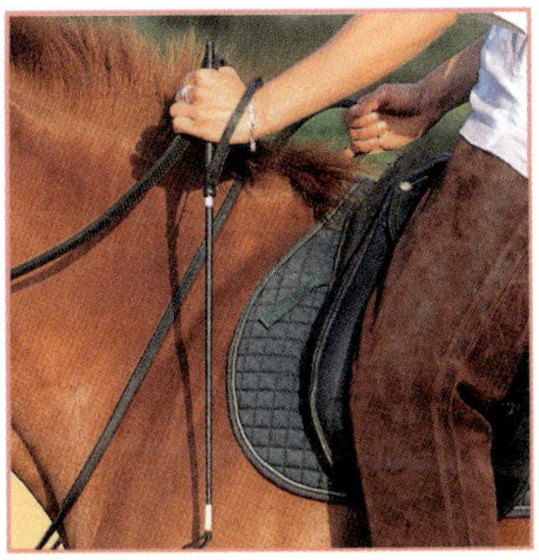

1. Renforcer les aides

La cravache est une aide artificielle qui renforce l'action des aides naturelles. Elle permet notamment de stimuler l'impulsion du cheval lorsque les jambes sont insuffisantes, et améliore l'autorité du jeune cavalier. Elle est très utile quand on monte des chevaux qui ne répondent pas au quart de tour, ce qui est le cas de nombreux animaux de manège. Une bonne cravache est bien équilibrée, munie d'un manche antidérapant que l'on tient bien en main et d'une claquette en cuir large qui fait plus de bruit que de mal.

2. Comment la tenir ?

Tiens la cravache par sa poignée, dans une main, en même temps que la rêne. La poignée dépasse de quelques centimètres au-dessus du pouce, la claquette étant vers le bas, la cravache parallèle à l'épaule du cheval, sans toucher cette dernière. Le petit doigt passe sous la rêne et contrôle la cravache. En manège et dans la carrière, on tient la cravache du côté intérieur.

3. Comment s'en servir ?

Lève-la légèrement, sans lâcher la rêne, par une torsion latérale du poignet, puis applique une tape franche – mais légère – sur l'épaule de ta monture. Si ton cheval ne se porte pas en avant, saisis les deux rênes dans une main et utilise l'autre pour porter une petite tape sur le flanc du cheval, derrière la botte.
Le but n'est pas de faire mal au cheval, mais de le stimuler.

4. Ménager la bouche du cheval

L'usage de la cravache est simple, mais délicat dans un premier temps : si tu gardes tes rênes dans les deux mains, prends soin de ne pas agiter vers l'arrière la main qui agit, afin de ne pas donner un "coup de sonnette" dans la bouche du cheval en même temps que tu lui demandes d'avancer. Si tu prends tes deux rênes dans une main pour utiliser la cravache derrière la jambe, ne tire pas sur la bouche. Pense à ouvrir les doigts afin que le cheval puisse se porter en avant.

5. Un simple avertissement

Une fois que tu maîtrises correctement tes aides, tu peux utiliser simplement l'effet dissuasif de la cravache. Il suffit souvent de la lever de façon à ce qu'elle entre dans le champ de vision du cheval… Il comprend alors ta détermination, qui vient à bout de ses hésitations (refus, écart, réticence à la jambe, etc.).

Mettre et utiliser les éperons

À partir d'un certain niveau, le cavalier doit être capable d'utiliser des éperons. Apprendre à les mettre correctement, puis savoir s'en servir à bon escient est à la fois facile et délicat.

Question / Réponse

Comment agissent les éperons ?

Les éperons ne sont pas destinés à faire mal au cheval. Ils agissent par simple pression sur la peau. Ils permettent une action plus précise que celle du mollet ou du talon car ils appuient sur un seul point, non sur toute une zone. Les éperons sont particulièrement utiles dans le travail de cession à la jambe, où leur précision permet de doser l'action (donc le déplacement latéral du cheval) avec beaucoup de finesse.

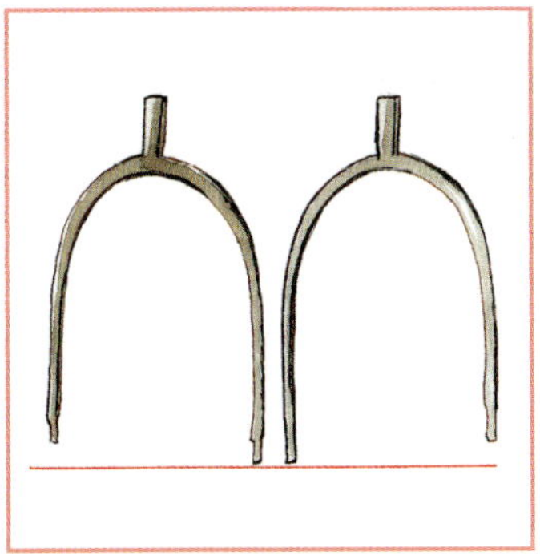

1. Poser les éperons côte à côte

Pose les deux éperons côte à côte : dans la plupart des modèles, la branche intérieure est légèrement plus longue que la branche extérieure. La pointe de l'éperon n'est pas droite mais légèrement inclinée vers le bas.

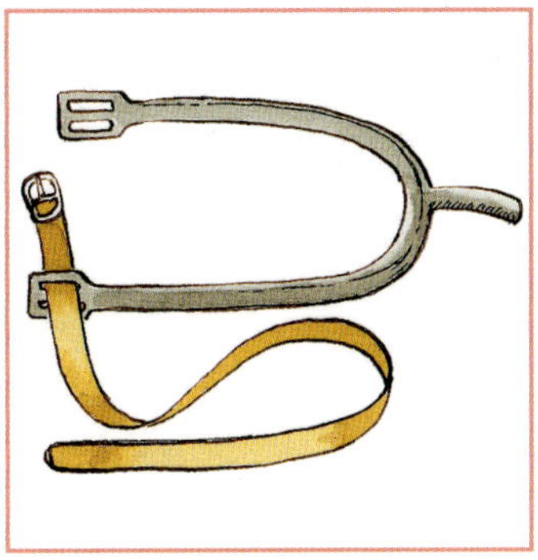

2. Commencer à glisser la courroie

Glisse la boucle de la courroie dans l'éperon par l'intérieur, en commençant par le passant supérieur de la branche extérieure. Amène la boucle à 3 cm environ de la branche.

3. Finir de glisser la courroie

Passe ensuite la courroie dans le passant inférieur, puis dans le passant inférieur de la branche intérieure. Termine par le passant supérieur. La boucle de la courroie se trouve ainsi sur le dessus et du côté extérieur.

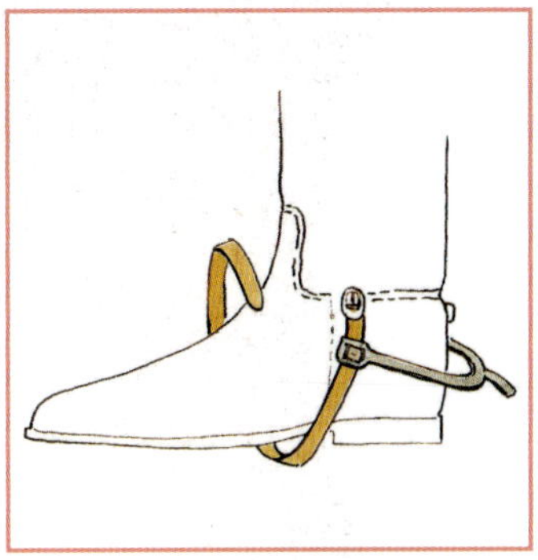

4. Mettre l'éperon

Glisse l'éperon sur le talon de la botte, un peu en dessous de sa place afin que la courroie passe facilement sous la semelle. La lanière se place juste devant le talon.

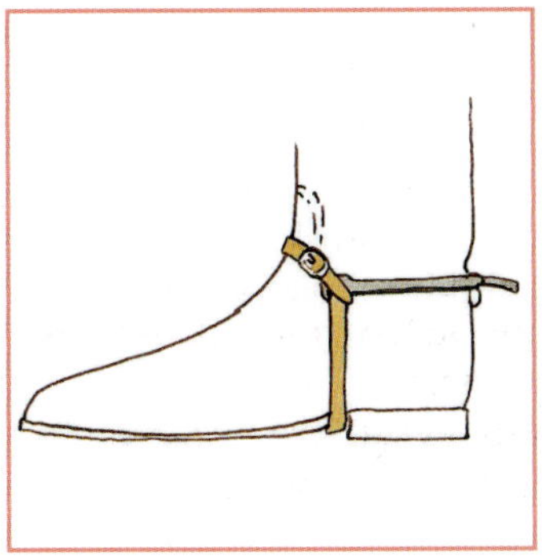

5. Boucler la courroie

Remonte l'éperon à sa place et fais glisser si nécessaire la courroie dans les branches afin que l'éperon repose sur le taquet et soit horizontal. Boucle la courroie.

Les figures de manège

Pour se déplacer dans le manège et entraîner son cheval, on dessine des figures géométriques, des "figures de manège".

Question / Réponse

Qu'est-ce que le contre-changement de main ?

Le contre-changement de main est une ligne brisée : le cavalier quitte la piste, en H par exemple, va jusqu'au milieu du manège et rejoint la piste en K. Cette figure est très utile pour apprendre à tourner sur un effet indirect (rêne contraire).

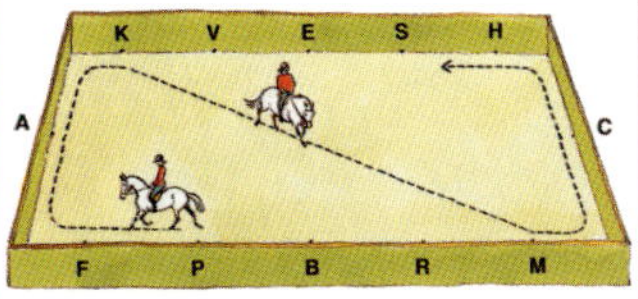

1. Changement de main dans la diagonale

Pour faire un changement de main (voir *Lexique*, page 213) dans la diagonale, tu traverses le manège d'un coin à l'autre en diagonale. Quitte la piste à la première lettre située après la largeur, traverse tout le manège selon une droite qui passe par le milieu du manège et reprends la piste à la première lettre située juste avant la largeur.

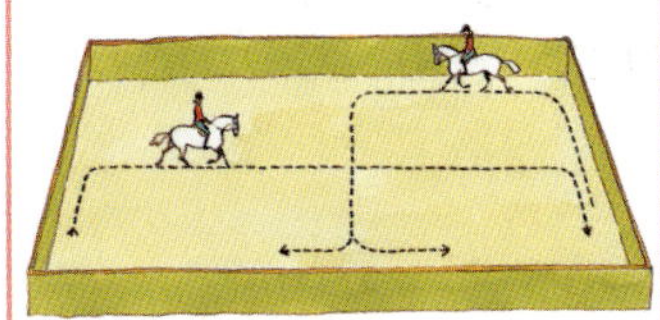

2. Doubler

Pour doubler dans la largeur ou dans la longueur, quitte la piste à angle droit et traverse le manège en ligne droite jusqu'à la piste, que tu reprends à en tournant à angle droit, avec ou sans changement de main.

3. Demi-volte et demi-volte renversée

Ces deux figures font changer de main. Pour une demi-volte, quitte la piste en décrivant un demi-cercle, puis rejoins-la en diagonale. Pour exécuter une demi-volte renversée, il suffit de procéder de façon inverse : quitte la piste selon une diagonale et rejoins-la en dessinant un demi-cercle.

4. Cercle et volte

Lorsqu'on dessine une boucle parfaite, on fait un cercle. Tu peux décrire un cercle plus ou moins grand à partir de la piste, ou au centre du manège. Une volte est un cercle qui part de la piste et revient sur celle-ci ; son diamètre ne dépasse pas la moitié de la largeur du manège.

5. La serpentine

La serpentine consiste à dessiner des "S" réguliers sur toute la longueur du manège. Plus la serpentine comprend de boucles, plus elle est difficile à exécuter. Elle demande souplesse et équilibre au cheval, finesse et précision au cavalier.

Conduire sur des figures simples

Tu as appris à faire tourner ton cheval. Maintenant, tu vas pouvoir le diriger sur des figures de manège simples. Tu dois pour cela utiliser plusieurs aides réunies et essayer de bien doser leur action. Au travail !

1. Employer une rêne directe

Pour exécuter une figure simple (cercle, volte, doubler dans la largeur ou dans la longueur, *changement de main* dans la diagonale) emploie une rêne directe, ou rêne d'ouverture. Bascule légèrement le poignet, les ongles vers le ciel, en fermant les doigts sur les rênes. L'autre main s'avance légèrement pour permettre au cheval d'incurver son encolure.

2. Coordonner les aides

Si tu tournes le guidon de ton vélo sans pédaler, cela ne suffit pas pour te faire tourner ! C'est pareil à cheval : inutile d'écarter la main à 50 cm de l'encolure : si tu ne donnes pas de jambes, ton cheval ploiera l'encolure sans engager son corps dans la bonne direction. Pour tourner correctement, tu dois utiliser le regard, le poids du corps, les mains et les jambes.

3. Faire un cercle

Pour un cercle à droite, fais une rêne d'ouverture droite tout en poussant ta monture avec l'assiette et les jambes. Afin de maintenir ton cheval sur un cercle bien rond, regarde où tu vas, visualise la courbe. Serre ou desserre plus ou moins les doigts sur la rêne active pour contrôler la direction. L'autre main s'avance plus ou moins, ou résiste, pour corriger la courbe. Si le cheval ralentit, donne des jambes.

4. Changer de main sur la diagonale

Pousse bien ton cheval dans le coin avant d'aborder le *changement de main*. Fais une rêne d'ouverture légère afin de l'amener sur la diagonale, puis interromps l'action et ouvre bien les doigts sur les rênes. Garde tes mains en place et porte ton regard droit devant, afin que ton cheval reste droit sur la diagonale. En arrivant sur la piste, oblige ta monture à bien faire le coin.

LEXIQUE

- **Changement de main :** changement de sens sur la piste du manège ou de la carrière. On change de main en décrivant une figure telle que : doubler, demi-volte, changement de main dans la diagnoale, etc.

Cercles et serpentines

Réaliser de belles courbes à cheval est un art ! Pour t'entraîner, travaille sur des cercles et des serpentines. Du doigté, de la patience : tu entres dans le domaine de la finesse...

Le cercle

Le cercle est la figure de manège la plus simple et l'une des premières que le cavalier fait exécuter à son cheval. C'est aussi l'un des premiers apprentissages du jeune cheval en cours de débourrage et une figure que l'on ne cesse de répéter et de perfectionner tout au long du dressage, jusqu'au plus haut niveau. Bref, un outil de travail indispensable, auquel tu dois attacher beaucoup d'importance !

2. Les aides pour un bon cercle

Pour faire un cercle à gauche, utilise une rêne gauche directe pour amener le bout du nez du cheval vers l'intérieur. En cédant ou en résistant plus ou moins sur la rêne extérieure (la droite), tu règles le degré d'incurvation et le tracé. Ton assiette et tes jambes incitent le cheval à s'engager sur le cercle et entretiennent l'impulsion. Tes jambes servent aussi à régler l'incurvation : la jambe intérieure est juste en arrière de la sangle ou à la sangle. Le cheval "s'enroule" autour.

3. Lui faire accepter l'incurvation

Tu dois réussir à faire accepter à ton cheval la gymnastique de l'incurvation. En liberté, pour tourner sans perdre l'équilibre et sans réduire sa vitesse, il contrebalance le poids qui porte sur l'épaule intérieure en rejetant la tête et l'encolure vers l'extérieur. Si ton cheval ne s'incurve pas assez, ouvre davantage la rêne intérieure et cède sur la rêne extérieure, tandis que ta jambe intérieure appuie son action sur la sangle et que ta jambe extérieure recule légèrement.

4. Aborder les serpentines

Une serpentine est un ensemble de demi-cercles qui se succèdent en sens contraire : un à droite, un à gauche, etc. Elle met à l'épreuve la finesse de la coordination de tes aides. Enchaîne les courbes en changeant de main, donc de pli (sens de l'incurvation) à chaque passage de la ligne médiane, et inverse tes aides à chaque fois. Une belle serpentine est constituée de demi-cercles parfaitement réguliers et égaux. Cela demande une grande précision de ta part !

Question / Réponse

Qu'est-ce qu'un cheval incurvé ?

Un cheval est incurvé lorsque toute sa colonne vertébrale fléchit régulièrement, de la nuque à la queue, pour suivre la courbe demandée. S'incurver exige de lui un bon équilibre, de la souplesse et de la force.

Galoper sur le bon pied

Le galop est une allure asymétrique : le cheval peut galoper "à droite" ou galoper " à gauche". Apprends à bien placer tes aides pour le faire partir sur le bon pied !

Question / Réponse

Que faire s'il part sur le mauvais pied ?

Si ton cheval est parti au galop sur le mauvais pied, repasse aussitôt au trot et redemande un départ en plaçant correctement tes aides, éventuellement de façon un peu plus accentuée.

1. Conserver l'équilibre

Le cheval en liberté adopte l'allure qui lui convient le mieux pour se déplacer en conservant son équilibre. Lorsqu'il tourne à droite, il galope "à droite", et lorsqu'il tourne à gauche, il galope "à gauche", changeant de pied spontanément pour ajuster son équilibre selon sa direction. Pour reproduire cet équilibre naturel lorsque tu travailles en manège ou en carrière, tu dois galoper à droite quand tu es à main droite, et à gauche quand tu es à main gauche.

2. Partir au galop

Pour partir au galop à gauche, piste à main gauche, recule légèrement ta jambe droite ; celle-ci va pousser les hanches du cheval vers la droite. En même temps, ta jambe gauche agit nettement à la sangle. Le poids du corps se reporte sur la fesse droitee, et l'assiette incite le cheval à se porter en avant. Et n'oublie pas de céder sur tes rênes !

3. Savoir si le cheval est sur le bon pied

Comment savoir si ton cheval galope sur le bon pied ? L'épaule intérieure (la gauche au galop à gauche, la droite au galop à droite, comme ci-contre) s'avance plus que l'épaule extérieure lors de l'extension de l'antérieur, au troisième temps du galop. Il suffit donc de regarder les épaules du cheval pour comprendre sur quel pied il galope. Mais, petit à petit, sans avoir à "consulter" l'épaule, tu sentiras dans ton assiette, par les mouvements du dos, de quel côté le cheval galope.

4. Préférer les tournants

La plupart des chevaux ont un côté un peu plus souple que l'autre. Ils ont donc tendance, lorsqu'ils prennent le galop sur une ligne droite, à partir sur leur pied préféré, quitte à changer de pied quelques foulées plus tard lorsqu'ils arrivent dans le tournant. Pour t'aider, au début, à faire partir ton cheval sur le bon pied, prends le galop dans un tournant.

5. Le galop à faux

Le galop à faux, c'est-à-dire sur le mauvais pied, est à éviter lorsqu'il est involontaire et source de déséquilibre. Mais ce peut être une gymnastique qui engage l'équilibre et la souplesse du cheval, ainsi qu'une figure de dressage : on l'appelle alors contre-galop. Le cheval peut apprendre à galoper à faux dans une allure assez rassemblée, mais dès qu'il est dans un train rapide, il doit galoper sur le bon pied.

Varier l'allure au galop

Varier l'allure, c'est allonger ou raccourcir les foulées en restant dans la même allure. Au galop, cela signifie que tu sais garder le contrôle de ton cheval et le maintenir dans un bon équilibre.

1. Prendre le galop

En arrivant sur un petit côté du manège ou de la carrière, oblige ton cheval à se redresser et à s'incurver dans le premier tournant à l'aide d'une rêne d'appui intérieure. Avant d'aborder le second tournant, place tes aides pour un départ au galop. À la sortie du virage, pousse ton cheval en avant d'une action ferme des jambes et de l'assiette, et ouvre les doigts : il doit "sauter" dans le galop en engageant ses postérieurs et en soulevant son avant-main.

2. Se mettre sur un cercle

Laisse ton cheval galoper quelques foulées, puis mets-le sur un cercle. Garde des jambes présentes, stimule-le par intermittence afin d'entretenir une bonne impulsion. La jambe intérieure reste active à la sangle. Redresse légèrement ton buste et agis en alternance sur tes rênes pour maintenir la juste incurvation. Reprends et rends afin que ton cheval se redresse et reste léger et équilibré.

3. Passer au galop moyen

Rejoins la piste, ouvre les doigts progressivement et pousse avec l'assiette et les jambes pour obtenir quelques foulées d'allongement. Tu passes au galop moyen. Reprends avant le tournant en maintenant un pli intérieur et en incitant le cheval à s'incurver par l'action de la jambe intérieure.

4. Reprendre le galop de travail

Mets à nouveau ton cheval sur un cercle au galop de travail. Tu peux ainsi travailler aux deux mains : cercle à l'extrémité du manège au galop de travail, allongement au galop moyen sur la longueur ; reprise du galop de travail sur un cercle à l'autre extrémité du manège.

Question / Réponse

Quelles sont les sortes de galops ?

En dressage, on distingue le galop rassemblé, le galop de travail, le galop moyen et le galop allongé. Les galops rassemblé et allongé sont l'aboutissement d'années de travail. Ton cheval s'en tient en général aux deux nuances centrales : galops moyen et de travail.

Que faire quand ton cheval se cabre ?

Le plus souvent, le cheval se cabre quand il a peur, mais aussi quand il se sent "coincé" par les aides et cherchent à leur échapper. Comment réagir ? Surtout, ne pas céder à la panique, mais se pencher en avant pour le faire redescendre.

1. Anticiper

Un cheval qui se cabre par défense donne généralement des signes avant-coureurs : il secoue vivement la tête et l'encolure, piétine, soulève légèrement les antérieurs... Garde ton sang-froid. Mieux vaut relâcher tes aides pour l'apaiser et passer à un autre exercice pour désamorcer la situation dans le calme, plutôt que de durcir le ton, ce qui risque de l'affoler et de l'inciter en effet à se cabrer, avec tous les dangers que cela comporte.

2. Se pencher en avant

Si, malgré tout, ton cheval se cabre, penche-toi en avant en prenant appui sur les étriers. En général, on n'est pas désarçonné par un cheval qui se cabre, car le mouvement, plutôt lent, est facile à suivre... Encore faut-il que l'animal ne se cabre pas trop vivement, ce qui risque de le faire tomber sur le côté ou, pire, basculer en arrière.

3. S'accrocher !

Si tu te sens en déséquilibre, pas d'affolement ! Essaie d'avoir le bon réflexe... Attrape une poignée de crin et n'hésite pas à passer tes bras autour de l'encolure si nécessaire. Le but est de peser sur l'avant-main pour que le cheval repose ses antérieurs. Il faut surtout éviter de tirer sur les rênes.

4. Finir dans le calme

Ton cheval s'est cabré, tu as réussi à maîtriser la situation mais tu as eu peur. Surtout, ne mets pas pied à terre. Demande-lui un exercice facile qui ne pose pas de problème et félicite-le pour son obéissance. Puis fais une pause le temps de réfléchir à ce qui a provoqué le cabrer et à la meilleure façon d'éviter cette défense : tu peux même y réfléchir quelques jours avant d'aborder de nouveau cette demande.

Question / Réponse

Peut-il se cabrer par agressivité ?

Oui ! Si, la plupart du temps, le cheval se cabre parce qu'il a mal ou peur, il peut aussi le faire par agressivité. C'est généralement un geste que font plus volontiers les mâles, les femelles étant plus portées à ruer.

Comment monter un cheval chaud ?

Monter un cheval chaud demande du doigté et une assurance tranquille. Ce type de monture est comme une cocotte minute : il faut lâcher un peu de vapeur... pour que ça n'explose pas, sans faire pour autant sauter le couvercle !

Question / Réponse

Le rôle du cavalier est-il important ?

Il joue un rôle délicat et déterminant. Il doit rassurer, apaiser et canaliser l'énergie sans jamais la "ligoter", la contrer brutalement, ce qui provoquerait l'affolement. Une attitude de "leader", c'est-à-dire ferme, bienveillante et posée, est indispensable.

1. Un cheval chaud

Un cheval dit "chaud" est nerveux et sensible. Son instinct de fuite est très vif, il est toujours prêt à bondir pour échapper aux dangers réels ou potentiels. Sur le plat, il est souvent en défense et ses réactions sont imprévisibles. À l'obstacle, il "arrache" les bras de son cavalier, se rue sur les obstacles, pour dérober ou refuser à la première occasion. En extérieur, il prend souvent la main, fait des écarts... Mais s'il est bien canalisé, il peut donner le meilleur de lui-même et devenir un champion, par exemple en concours complet.

2. De la réflexion

Un cheval chaud s'énerve facilement. Et, dès qu'il est énervé, il n'est plus capable de faire correctement ce que tu lui demandes car il perd ses moyens. Il n'est plus réceptif, il ne pense qu'à s'échapper. Il faut donc éviter systématiquement les rapports de force. Dès que la tension monte, interromps le travail. Réfléchis à une autre façon d'aborder l'exercice. Souvent, ce n'est pas ce que tu demandes qui pose problème, mais la façon dont tu le demandes.

3. De la patience

Si vraiment le cheval ne veut rien savoir, s'il montre des signes d'affolement ou de défense malgré tes efforts pour présenter différemment l'exercice, accorde-lui une récréation pour qu'il se détende. Lorsque le calme est revenu, passe à un exercice facile que ton cheval sait bien faire. Et remets au lendemain la difficulté, quand vous serez tous les deux calmes et en forme.

4. De l'autorité

Avec un cheval chaud, tu dois en même temps faire preuve d'autorité. Il a besoin d'être rassuré, de sentir que tu sais ce qu'il faut faire, par exemple lors d'un passage délicat en balade. Mais attention, autorité ne signifie pas force ou dureté: un cavalier qui cherche à s'imposer par la force a de bonnes chances d'accroître la nervosité de sa monture. Agis avec tact et finesse.

5. Une vie libre et gaie

Parce qu'un cheval est chaud, on l'enrêne, on n'ose pas l'emmener en extérieur. Son travail n'est qu'une suite de contraintes sans joie où, par crainte de le voir déborder, on ne lui accorde jamais de liberté. Et cela ne fait qu'accentuer sa nervosité... Il faut briser ce cercle vicieux en lui donnant une vie plus libre et plus gaie : lui accorder plusieurs heures de liberté par semaine au pré pour qu'il retrouve bon moral, donc une certaine confiance ; l'emmener en balade, au pas, avec un compagnon calme, etc.

Comment monter un cheval froid ?

Un cheval froid est une monture peu active, qui ne se porte pas volontiers en avant. Il réagit peu, et lentement, aux stimuli extérieurs. Il faut apprendre à réveiller son énergie !

Question / Réponse

Est-ce une question de race ?

Oui et non. Bien sûr, certaines races sont connues pour leur tempérament plutôt nerveux et d'autres pour leur calme olympien... Mais dans une même race, on peut trouver des chevaux "chauds" et d'autres "froids".

1. Des défauts… mais aussi des qualités !

Tout d'abord, un cheval froid n'a pas que des défauts. Il présente aussi de nombreuses qualités : il est calme, n'a pas de réactions violentes et s'adapte avec la plus grande tranquillité aux environnements les plus divers. C'est un compagnon rassurant pour les débutants et les enfants, à condition que sa placidité ne se transforme pas en… paresse !

2. Lui donner envie de bouger

Si tu montes un cheval froid, tu dois tout faire réveiller son énergie. Propose-lui un travail très varié, avec beaucoup d'extérieur et des moments de grande activité joyeuse. Beaucoup de galop en balade, beaucoup de travail en carrière, ce qui est toujours plus stimulant qu'en manège.

3. Capter son attention

Avant tout exercice, toute demande, essaye de capter l'attention de ton cheval. Utilise pour cela un mot codé, qui signifie : « Ohé, écoute-moi ! » Lui enseigner ce code t'évitera d'user inutilement tes aides sur une monture à moitié somnolente.

4. Employer la cravache

Inutile de passer ta reprise à lui donner constamment des jambes – auxquelles il ne répond plus depuis longtemps. Toute demande à laquelle il ne réagit pas instantanément doit être suivie d'une action ferme. S'il ne se porte pas en avant sur une pression des mollets rapide et franche, renforce aussitôt l'action d'un petit coup de cravache sec derrière la jambe, accompagné d'une remontrance de la voix : « Et alors ! » Mais attention, jamais de brutalité, comme ci-contre : il ne s'agit pas de lui faire mal, mais de le secouer un peu.

5. Le placer en tête de reprise

En reprise, un cheval froid doit marcher de préférence en tête : placé derrière un compagnon, il aura tendance à s'éteindre tout à fait. N'hésite donc pas à le faire passer devant et à le stimuler au maximum pour qu'il ne ralentisse pas tout le monde!

Que faire si mon cheval chute ?

Il y a chute et chute ! Si la plupart ne sont pas graves, d'autres nécessitent l'intervention d'urgence du vétérinaire. À toi de faire un bilan rapide de la situation, puis de rassurer et soigner au mieux ton cheval...

Si ton cheval chute, tu dois savoir estimer rapidement à quel point il a été choqué, physiquement et mentalement, afin de déterminer la bonne attitude à adopter : poursuite du travail pour que ton compagnon ne reste pas sur un mauvais souvenir ou, au contraire, mise au repos immédiate pour surveillance ou intervention rapide du vétérinaire.

La chute anodine

Il arrive souvent que le cheval trébuche, tombe à genoux, se couche sur une cuisse ou encore se fauche complètement dans un tournant sans toutefois se faire réellement mal. Si tu es toi-même tombé(e), rattrape ta monture, examine-la rapidement pour t'assurer qu'elle n'a aucune blessure apparente, et fais-la marcher pour vérifier qu'elle ne boite pas et semble dans son assiette.

Attention danger !

Un harnachement endommagé te met en péril

Avant de te remettre en selle après une chute sans gravité, vérifie qu'aucune pièce du harnachement n'a été endommagée. Une sangle déchirée, une rêne à demi sectionnée, un filet à moitié sorti de l'oreille, une boucle tordue peuvent te mettre en situation périlleuse.

PLUS DE PEUR QUE DE MAL
Le plus souvent, les chutes sont sans gravité. Mais le cheval est choqué et il faut le rassurer.

NE PAS S'ACCROCHER !
Certaines chutes se déroulent comme au ralenti : si tu sens que ton cheval va chuter, laisse-toi rouler à terre en t'éloignant de lui.

Si tout te paraît en ordre, remets-toi en selle. Pour ton cheval, il est important que la séance ne s'arrête pas sur cet incident. Mets-le au trot, pour contrôler sa régularité, puis au galop sur un cercle. Fais-lui sauter un petit obstacle facile, caresse-le et quitte la piste. Même si tout semble aller très bien, tu dois effectuer un nouveau contrôle une fois rentré à l'écurie. Examine ton cheval attentivement, de la tête aux pieds. Assure-toi qu'il fléchit facilement l'encolure des deux côtés et qu'aucun gonflement suspect n'apparaît sur ses membres. Une éventuelle raideur n'est pas forcément inquiétante, mais la moindre boiterie, le moindre comportement anormal (il paraît en état de choc, transpire abondamment, ne retrouve pas son calme, tremble, refuse de boire ou de manger...) doit t'inciter à consulter le vétérinaire.

La chute sérieuse

Si ton cheval a fait une chute sérieuse (il a heurté un obstacle ou s'est retourné complètement), inquiète-toi. Il peut être atteint d'un traumatisme plus ou moins sévère. S'il se relève rapidement et semble capable de marcher sans boiter fortement, sors du manège sans te remettre en selle, retire-lui son harnachement, couvre-le et montre-le le plus tôt possible au vétérinaire.

La chute vraiment grave

Il arrive que le cheval fasse une chute véritablement grave. Après être tombé, il ne se relève pas, ou pas tout de suite, ou difficilement. Il tremble de tous ses membres, sue abondamment, ne semble pas dans son état normal. Il porte des blessures apparentes ou boite fortement. Dans tous ces cas, il est préférable de ne pas le déplacer, de le couvrir d'une chemise ou d'une couverture (selon la saison) et de contacter d'urgence le vétérinaire. C'est seulement après le diagnostic de ce dernier que tu pourras le faire rentrer au paddock ou à l'écurie pour procéder aux soins.

CONTRÔLE QUE TOUT VA BIEN
Si ton cheval a fait une chute sérieuse, fais-le examiner par le vétérinaire.

À faire

►L'ÉQUIPER DE PROTECTIONS
Fais porter à ton cheval des protections adaptées (protège-boulets, guêtres...). S'il bute contre un obstacle, celles-ci ne l'empêcheront pas de tomber, mais elles limiteront ses blessures.

À éviter

►RESTER SUR PLACE
En cas de chute sans gravité sur un concours de cross, il ne faut pas rester sur place mais dégager le terrain le plus rapidement possible, avant l'arrivée du concurrent suivant.

Travailler pour un carrousel

À l'occasion de la fête du club, par exemple, il est amusant d'organiser un carrousel. Mais pour que le spectacle soit réussi, il faut s'entraîner longtemps à l'avance et respecter les conseils suivants.

Question / Réponse

Faut-il se costumer ?

Lors d'un carrousel en public, il convient de pomponner son cheval et de soigner sa tenue. Il n'est pas obligatoire de se déguiser en mousquetaire ou en écuyers du Cadre noir, mais les cavaliers doivent prendre soin de s'habiller de manière coordonnée. Les garçons en chemise noire, par exemple, et les filles en chemise blanche.

1. Contrôler son cheval

Pour réussir un carrousel, tu dois être solide en selle et utiliser des aides discrètes. Tu dois être capable de mener ton cheval aux trois allures, de le contrôler parfaitement et de le diriger avec précision.

2. Bien choisir son partenaire

Pour que le carrousel soit harmonieux, associe ton cheval avec un autre ayant des foulées de même amplitude et, si possible, la même robe. On peut aussi mettre à droite les chevaux gris, à gauche les chevaux bais, etc. Il est bien sûr recommandé de placer les chevaux qui tirent en tête de reprise et ceux qui bottent en queue.

3. Surveiller les autres

Chacun des membres de la parade doit surveiller sans cesse sa position par rapport à celle de ses camarades. La position dans la reprise du cavalier qui donne des ordres à ses collègues est également capitale. Il faut qu'il soit situé à l'arrière de la formation, pour avoir en permanence sous les yeux l'ensemble du groupe.

4. Adapter son allure

Lorsque les cavaliers tournent, se mettent en cercle ou exécutent des serpentines au botte à botte, ceux qui sont à l'intérieur de la formation parcourent moins de terrain que ceux qui sont situés à sa périphérie. Les premiers doivent donc ralentir considérablement, tandis que les seconds doivent au contraire accélérer pour ne pas se laisser distancer. Adapte ton allure pour garder une harmonie d'ensemble !

5. Ne pas rogner les coins

Enfin, tu dois te montrer aussi précis(e) que possible lors de l'exécution des figures. Sur une volte, par exemple, tous les cavaliers doivent dessiner un cercle parfait. Il est donc nécessaire de lutter contre la tendance naturelle des chevaux de queue à rogner la figure pour combler la distance qui les sépare de ceux qui les précèdent. Il en est de même pour les coins. Tous les chevaux doivent les marquer, quelle que soit leur place dans la reprise.

La bonne position à l'obstacle

Le cheval sait d'instinct franchir les obstacles qu'il rencontre dans la nature. Mais sauter avec un cavalier sur son dos est une autre affaire ! Le tout est de l'amener à franchir l'obstacle dans les meilleures conditions sans être une charge trop encombrante pour lui !

1. Calculer sa trajectoire

Repère bien l'obstacle et la trajectoire que tu dois suivre jusqu'à lui. Mets ton cheval au galop. Tu peux galoper en suspension. Calcule ta trajectoire de façon à réserver plusieurs foulées en ligne droite avant l'obstacle.

2. Se soulever en même temps

Quelques foulées avant l'obstacle, assieds-toi et pousse ton cheval avec l'assiette et les jambes. Garde les mains basses, les rênes tendues. Ton regard doit se porter au-delà de l'obstacle. Au moment de la *battue des antérieurs*, soulève-toi sur les étriers, en suspension, en même temps que le cheval s'enlève. N'avance pas brusquement les mains, accompagne progressivement le mouvement du cheval.

3. Allonger ses bras et son dos

Ton cheval est au-dessus de l'obstacle. Tes coudes sont souples et tes mains accompagnent l'extension de l'encolure, rênes toujours tendues, au contact. Accentue la flexion de tes genoux. Étire-toi comme un chat : les fesses restant en place au-dessus de la selle, allonge tes bras et ton dos. Continue à regarder droit devant.

4. Redresser le buste

Ton cheval bascule et déplie les antérieurs. Redresse le buste en gardant le contact avec la bouche, sans à-coups. Ici, la cavalière avance trop les mains, laissant les rênes se détendre. Lorsque les antérieurs touchent le sol, le cheval ne doit pas se sentir dans le flou, mais recevoir des indications claires sur la nouvelle direction à prendre.

LEXIQUE

- **Battue des antérieurs :** On parle de battue des antérieurs quand le cheval prend son appel en frappant le sol des antérieurs.

Franchir des cavalettis

Les cavalettis sont des barres au sol ou de petits obstacles n'excédant pas 50 cm, disposés de façon assez rapprochée. Ils permettent au débutant de faire ses premières armes en saut et assouplissent cheval et cavalier.

Question / Réponse

Peut-on sauter sans étriers ?

Oui. On travaille les cavalettis sans étriers pour améliorer l'assiette et la souplesse du cavalier. Le but est d'apprendre à amortir les secousses avec les reins, les jambes restant solidement fermées à leur place. L'exercice peut être corsé de différentes manières : on saute les bras écartés, les yeux fermés, etc.

1. Régler ses étriers

À l'obstacle, tu dois chausser tes étriers plus court que sur le plat. Avant de commencer, raccourcis-les donc de quelques trous afin de pouvoir adopter une position assez fléchie au-dessus de la selle. Ainsi, les articulations de tes genoux et de tes hanches pourront jouer le rôle de ressort et amortir les secousses.

2. Passer les barres au sol

Amène ta monture au trot sur une série de barres posées au sol. Ferme les jambes sans brusquerie pour maintenir l'impulsion, mais sans inciter ton cheval à accélérer. Pour enjamber ces barres, celui-ci fait des foulées plus hautes et plus élastiques. C'est idéal pour éprouver ta position en équilibre au-dessus des étriers. Tu sens bien la façon dont tes articulations amortissent les secousses. Tes fesses restent au-dessus des pieds, tes épaules au-dessus des genoux.

3. Faire les premiers sauts

Aborde maintenant le saut d'une barre isolée ou d'un croisillon ne dépassant pas 50 cm. Arrive dessus au trot. À quelques mètres de l'obstacle, prends les deux rênes dans la main extérieure et attrape une poignée de crins de l'autre. Mets-toi en suspension, les fesses légèrement soulevées au-dessus de la selle. Regarde devant toi, au-delà de l'obstacle. Ferme tes jambes, ou serre-les vivement si ton cheval semble hésiter ou ralentir.

4. Laisser fléchir les articulations

Lors du saut, laisse tes articulations fléchir souplement. Tes bras s'étendent pour suivre l'extension de l'encolure, ton buste s'incline un peu plus en avant. Tes fesses doivent rester à leur place au-dessus du siège et tes jambes serrées ne bougent pas. Une ou deux foulées après l'obstacle, reprends une rêne dans chaque main et redresse-toi.

5. Au galop

Recommence l'exercice au galop. Reste vigilant(e) pour que ton cheval ne se précipite pas sur l'obstacle dans les dernières foulées. On peut placer deux ou trois barres au sol avant le saut pour l'obliger à conserver sa cadence. Après l'obstacle, reprends-le. De même, si ta monture a tendance à prendre la main après l'obstacle, on peut placer quelques barres à une certaine distance de la réception.

Enchaîner les obstacles

Lorsque tu enchaînes plusieurs obstacles, il faut préparer mentalement, sur chaque saut, le franchissement suivant. Pour cela, il faut bien accompagner le cheval et savoir le remettre en ordre à chaque réception.

LEXIQUE

- **Faire une barre :** Faire tomber une barre.

1. Travailler en ligne

Travaille d'abord sur deux obstacles placés sur la même ligne. Mieux vaut commencer par les séparer de quatre à six foulées ; tu les rapprocheras ensuite jusqu'à deux foulées. Ce genre de disposition te permet de t'entraîner à des sauts rapprochés sans poser de vrais problèmes de direction.

2. Définir le bon tracé

Lorsque tu te sens à l'aise dans cet enchaînement, aborde des dispositions plus complexes. Deux obstacles sur un demi-cercle, par exemple, ou deux obstacles placés sur un huit. Pour enchaîner correctement ces deux sauts, tu dois d'abord réfléchir au tracé idéal de l'un à l'autre. Le cheval devra arriver droit face à l'obstacle et au centre.

3. Anticiper

Prépare le second franchissement dès le premier saut. Pendant le planer, regarde dans la direction du second obstacle. Ton buste s'oriente légèrement : ce déplacement indique tes intentions au cheval, qui se place correctement dès la réception. Donne alors des jambes pour l'inciter à se redresser rapidement.

4. Encadrer

Dans le tournant, encadre le cheval avec des mains basses et légèrement écartées. Attention : en tournant, il a tendance à ralentir. Maintiens le rythme avec des jambes actives. Sur les courbes serrées, les hanches du cheval risquent de chasser : dans ce cas il ne pourra prendre l'élan et la battue dans de bonnes conditions. Contrôle les hanches en reculant la jambe extérieure et dessine des courbes bien rondes.

Question / Réponse

Les barres : pourquoi ?

Sur un parcours, de nombreux cavaliers *font une barre* sur le dernier obstacle parce qu'ils se détendent trop – comme si tout était déjà fini : leur cheval se relâche donc lui aussi et bâcle un peu ce dernier saut.

Contrôler son cheval à l'obstacle

Pour contrôler son cheval à l'obstacle, il faut être soi-même assez à l'aise avec le saut : bien maîtriser son propre équilibre, savoir utiliser ses aides et garder son calme !

LEXIQUE

- **Charger :** On dit qu'un cheval charge lorsqu'il accélère face à l'obstacle ou même cherche à échapper à la main par un bond en avant.
- **Dérober :** Un cheval dérobe lorsqu'il évite l'obstacle au dernier moment.

1. Arriver dans de bonnes conditions

Pour bien contrôler l'abord, tu dois anticiper. Regarde l'obstacle de loin et accorde tes aides dans le calme. Tu dois amener ton cheval aussi droit que possible au centre de l'obstacle. Pour cela, encadre-le bien avec des mains plutôt basses, un peu écartées, et des jambes au contact pour maintenir l'impulsion.

2. Si le cheval charge

Si ton cheval *charge* face à l'obstacle, à l'entraînement, il vaut mieux que tu évites de sauter. Mets-le sur un cercle jusqu'à ce qu'il retrouve son calme. Lorsqu'il est plus détendu et que tu as le sentiment de bien le contrôler, présente-toi de nouveau face aux barres.

3. Si le cheval dérobe

Ton cheval accélère ou zigzague à l'abord de l'obstacle ? Attention, il risque de *dérober*. Encadre-le bien avec des mains écartées et des jambes assez fermes. Si malgré tout il dérobe, il va sans doute accélérer aussitôt après, comme pour fuir. Tu dois l'arrêter au plus vite, le mettre sur un cercle, puis le présenter de nouveau à l'obstacle.

4. Si le cheval s'arrête

Il arrive que le cheval pile devant l'obstacle. On dit qu'il refuse. Si l'obstacle n'est pas élevé ou effrayant, cela signifie qu'il manque simplement d'impulsion. Pour prévenir un refus, garde les jambes au contact, plusieurs foulées avant l'abord. Quelques mètres avant l'obstacle, serre les mollets énergiquement, si besoin les talons – et, surtout, ouvre les doigts !

5. À la réception

À la réception, redresse-toi et porte ton regard dans la direction où tu souhaites aller. Ajuste tes rênes si elles ont "filé" pendant le saut. Si ton cheval ralentit, donne des jambes pour le remettre en avant. Si, au contraire, il profite de ton déséquilibre pour accélérer et échapper à la main, redresse-toi en levant les mains pour le ralentir, puis mets-le sur un cercle en utilisant en même temps tes mains, tes jambes et ton assiette pour l'obliger à tourner.

Faut-il récompenser mon cheval ?

Il y a deux façons de récompenser ton cheval : en lui accordant une pause après un exercice réussi et en lui offrant de petits plaisirs supplémentaires, caresse ou friandise. Mais attention, il ne doit pas réclamer !

Lorsque ton cheval a bien travaillé, tu dois le récompenser. Il a besoin de savoir que tu es content(e) de lui. Cela l'encourage ! Mais les petites gratifications que tu lui attribues doivent venir à bon escient. Certains cavaliers donnent des récompenses alors qu'il ne le faut pas, d'autres le font avec tant de maladresse que le cheval ne s'en rend même pas compte. Récompenser, c'est tout un savoir-faire !

Relâche tes aides

Chaque fois que ta monture répond à une aide, comme une pression de jambe ou une résistance de la main, relâche ton action. Ce relâchement, après "l'inconfort" de la demande, est perçu par ton cheval comme une sensation de confort. C'est pourquoi il obéira encore la fois suivante et celle d'après...

Trucs & astuces

▸LES BONNES HABITUDES

Pour que ton cheval n'ait pas tendance à réclamer, voire à mordiller, préviens-le toujours avec le même mot avant de lui donner une friandise : "Prends", par exemple. Ainsi, il sait que, sans le mot magique, il est inutile de réclamer.

TROIS SECONDES !

Pour être bien comprise, la récompense doit intervenir juste après l'exercice. Si plus de trois secondes s'écoulent, ton cheval ne fait plus le lien de cause à effet.

FÉLICITATIONS !
Flatte-lui amicalement l'encolure quand il a bien agi et félicite-le. Ton cheval sera sensible à la douceur de ta main et à ta voix.

Cette forme de récompense toute simple est la base même de l'équitation. Si tu ne relâches pas tes aides à temps, ta monture, faute de motivation, répondra de moins en moins bien à tes ordres.

Accorde-lui du repos

Malgré sa belle énergie apparente, ton cheval est comme tout le monde : un peu paresseux ! Il apprécie beaucoup de pouvoir souffler après un effort. Tu dois donc lui accorder des pauses. Pour qu'il se repose, mets-le au pas, rênes en guirlande, et laisse-le aller où il veut sur la piste. N'interviens pas : ni poussée des jambes ni contact sur le mors. Tu peux aussi lui offrir un temps d'arrêt dont il profitera pour se gratter. Ces pauses doivent être très courtes, quelques dizaines de secondes seulement. Mais tu dois en accorder très souvent, chaque fois qu'il t'a donné satisfaction après un exercice.

Descends au bon moment

La fin de la séance est une autre forme de récompense. Quand tu mets pied à terre, cela représente un vrai soulagement pour ton cheval. Il est libéré de ton poids et devine en outre que son travail est fini. Mais pour que ce grand moment ait une signification, il est parfois important de sauter à terre au moment où se produit un vrai progrès : un très bon arrêt, un bel *appuyer*…

Caresses et friandises

Pour féliciter ton cheval, tu peux aussi lui offrir un petit plaisir supplémentaire, caresse ou friandise. Attention, évite les grandes claques viriles sur l'encolure, un peu brutales pour un être aussi délicat que lui ! Pour les caresses, emploie plutôt la douceur ou gratte-lui le garrot, la base des crins, la croupe. Un quartier de pomme ou un morceau de carotte seront également le bienvenus. Tu peux ainsi récompenser un arrêt, un embarquement dans un van… Mais impossible d'utiliser cette méthode pour un départ au galop ou un changement de pied : la récompense arriverait forcément trop tard. D'autre part, ne le gâte pas trop avec des friandises, sous peine de le voir réclamer sans cesse, fouiller tes poches, te mordiller ou même te… mordre !

LEXIQUE

- **Appuyer :** Figure sur deux pistes, où le cheval se déplace à la fois vers l'avant et sur le côté et où ses membres se croisent.

Attention, danger !

Ne lasse pas ton cheval

Ne prolonge pas un exercice que ton cheval réussit bien. Sinon, à la longue, son mouvement risque de se dégrader, il prendra de mauvaises habitudes et tu seras obligé(e) de tout recommencer ! Sans compter que tu fatigues et que tu lasses ta monture, qui peut devenir récalcitrante. Au contraire, quand un mouvement est bien réalisé, tu dois savoir t'arrêter et récompenser ton cheval.

Créer des relations de confiance

Pour bien progresser avec ton cheval ou ton poney, tu dois établir avec lui des rapports fondés sur la confiance. S'il se sent en sécurité avec toi, tu pourras tout lui demander, ou presque !

Les chevaux sont des animaux craintifs et imprévisibles, qui ont besoin d'être rassurés. C'est ton rôle d'apaiser le tien, de le tranquilliser, de lui montrer qu'en toute circonstance il peut se fier à toi sans crainte.

Comporte-toi en dominant(e)

Pour ce, tu dois te comporter en "dominant compétent". Même si tu n'as que quelques printemps ! C'est toi qui décide, parce que c'est toi qui sait ce qu'il faut faire. Ne mets jamais ton cheval ou ton poney en situation dangereuse, ne lui fais jamais de mal, montre-lui calmement ton autorité, sache le remettre en place fermement – mais sans violence – s'il ne respecte pas la hiérarchie : il saura vite à qui il a affaire, sentira que tu es fiable et t'obéira dans la confiance et la bonne humeur ! Tu devras cependant toujours veiller à conserver cette confiance

UNE AMITIÉ QUI A SES RÈGLES
Aime ton cheval mais ne fais pas de lui ton égal. Il doit toujours te respecter : c'est toi qui décides.

Trucs & astuces

▸CROIS EN LUI
Ton cheval a confiance en toi, voilà une bonne chose. Mais toi aussi, en réciprocité, tu dois avoir confiance en lui ! Domine-le, certes, traite-le comme un "inférieur hiérarchique", mais crois en lui… Ne te mets jamais en tête qu'il ne réussira pas telle ou telle figure, ne sautera pas tel obstacle et que tu ne pourras pas l'emmener en concours.
Fort de ta confiance, ton cheval peut faire des prouesses.

MÉRITE TES GALONS DE CHEF !
Si tu mélanges ce qu'il faut d'amour, de fermeté et de conviction à t'occuper des chevaux, ils te seront reconnaissants de les rassurer et t'obéiront.

FAVORISE LES EXERCICES EN MAIN
Les exercices de base en main comme marcher, courir, tourner, en respectant les distances, développent le sens du respect du cheval car ils exigent toute son attention.

absolue que ton cheval t'a accordée. Pour cela, respecte certaines règles. Quelle que soit la situation, essaye d'être tout le temps cohérent(e) et égal(e) à toi-même : ton cheval ne comprend pas les exceptions à la règle ni les sautes d'humeur. Par exemple, le jour d'un concours, tâche de ne pas te montrer plus nerveux(se) que d'habitude. Garde-toi de tout anthropomorphisme : ta monture "saisit" beaucoup de choses, certes, souvent de façon intuitive, mais ce n'est pas un être humain ! C'est à toi de te mettre à sa place et de tenter de "penser cheval". Assure-toi toujours qu'il comprend bien ce que tu lui demandes... et n'exige pas de choses difficiles trop rapidement. La belle confiance établie entre lui et toi risquerait de se ternir : tu serais déçu(e) de son échec, lui se découragerait.

Ne fais jamais copain-copain !

Pour obtenir de bons résultats avec ta monture, base principale de votre complicité, travaille beaucoup au sol. Contente-toi de choses très simples, mais fondatrices. Les petits gestes de tous les jours sont par exemple d'excellents exercices de dressage : bien se placer dans le box quand tu arrives, marcher en main en respectant les distances... La confiance passe d'abord par là et ne se mesure pas à la sophistication des exercices ! Ce qui compte, c'est qu'il t'obéisse bien, et qu'il le fasse avec bonne volonté. Même si tout se passe au mieux entre vous, tu ne dois jamais faire copain-copain avec ton cheval. Celui-ci ne peut pas devenir ton égal : n'oublie jamais que c'est toi le chef. C'est à cette condition que tu pourras conserver ton emprise sur cet animal rapide, fort et puissant. Ne confonds pas non plus la douceur avec la faiblesse, ne lui octroie jamais une once de pouvoir.

Attention, danger !

Le cheval qui ne te respecte pas

Évite les câlins si ton cheval n'éprouve pas de véritable estime pour toi. Un animal très gentil, qui vient amicalement te souffler dans le cou, mais qui te marche sur les pieds, passe devant toi quand vous marchez en main, se jette sur sa ration en te bousculant, ne te respecte pas. Malgré sa gentillesse, tu n'es pas vraiment en sécurité avec lui. Montre-lui que tu es le chef au lieu de le récompenser avec des caresses !

Le faire marcher et courir en main

Un cheval bien dressé suit son "maître" comme un chien, en se réglant sur son allure. Pour obtenir cette obéissance totale, qui retentit sur l'ensemble des relations que l'on a avec sa monture, rien de tel qu'une éducation claire.

Attention, Danger !

Enrouler la longe autour de son poignet

N'enroule jamais la longe autour de tes doigts ou de ton poignet, même avec un cheval dressé. En cas de panique et de forte traction, tu aurais le bras "arraché" !

GUIDER SON CHEVAL
Sur un sentier étroit, on marche devant sa monture, à bonne distance.

C'est lorsque le cheval est encore très jeune qu'il faut lui apprendre à se laisser mener en main. Dans les élevages, on habitue de bonne heure le poulain au licol, en le faisant suivre sa mère, elle-même en licol. Cela facilite beaucoup, par la suite, le travail en main. Si cette éducation précoce n'a pas été réalisée, le cheval n'est pas habitué à être manipulé. Il réagit à tout instant à la main qui le tient, passe devant son cavalier, tire, se cabre, fait des écarts... Cette situation est dangereuse. Inutile de chercher à résoudre le problème par la force car, à ce jeu-là, c'est l'animal, beaucoup plus fort que l'homme, qui va gagner.

Un "cheval-locomotive"

Pour enseigner la marche en main à ton compagnon, qu'il soit encore jeune ou déjà grand, il faut l'aide d'un autre cavalier et d'un cheval calme, servant de modèle et de "locomotive". Suis celui-ci à une distance suffisante et incite ton compagnon à l'imiter. Accompagne les actions de la voix : "Marche !", "Ooh !", "Trotte !", etc. Après plusieurs séances de ce type, commence à promener ton cheval en main, seul, à proximité de son box ou dans son enclos, puis sur des trajets qui lui sont familiers. Consacre beaucoup de temps à cet apprentissage : c'est le fondement de l'obéissance et de la confiance du cheval envers toi. Le dialogue qui s'établit alors déteindra sur l'ensemble de vos relations.

Tourner, trotter

Dès que ton cheval sait marcher et s'arrêter, apprends-lui à tourner. Ne perds pas de vue qu'un équidé a besoin de place pour virer. Prévois large et fais-le tourner aussi bien vers toi que vers l'extérieur. Une fois que le contrôle de la direction et de la marche est au point, enseigne à ton cheval à marcher franchement quand tu te tiens au niveau de son épaule, mais aussi à marcher loin derrière toi avec une longe ou des rênes lâches. Il doit te suivre et rester attentif à tes indications sans pour autant te marcher sur les talons : comme s'il était lié à toi par un fil invisible ! Passe ensuite au travail au trot. Quelques foulées d'abord, aussitôt suivies d'une mise au pas et d'un arrêt. Dessine un large cercle, puis une ligne droite, suivie d'un demi-cercle. Fais toujours suivre le trot d'un arrêt afin que le cheval ne s'imagine pas que l'on va vite et loin de cette façon. Arrivé à ce stade, ton cheval est prêt pour une présentation de modèles et allures. Bravo !

APPRENDRE EN IMITANT
Pour s'initier à la marche en main, un cheval encore inexpérimenté peut prendre exemple sur un autre plus confirmé.

À faire

►LE FAIRE MARCHER À DROITE ET À GAUCHE
Bien que l'on se place souvent sur sa gauche, le cheval doit savoir marcher aussi en étant tenu à droite. C'est indispensable en extérieur, où l'on ne se place pas toujours où l'on veut. Sur la route, par exemple, mets-toi entre le cheval et la circulation afin de le rassurer et d'éviter les débordements côté voitures.

À éviter

►LE TIRER EN LUI FAISANT FACE
Si ton cheval refuse d'avancer, ne le tire pas en te plaçant devant lui. Évite surtout de lui faire face en le regardant ! Pousse plutôt sur son épaule, tout en l'amenant à courber l'encolure pour l'obliger à tourner sur place. Et profite du moment où il déplace son antérieur pour amorcer le mouvement en avant.

POUR ALLER PLUS LOIN : TRAVAIL SUR LE PLAT ET DRESSAGE

La bonne attitude

La bonne attitude est celle qui permet au cheval de disposer au mieux de ses moyens pour exécuter le mouvement demandé. Il donne alors une impression de force, d'énergie, mais aussi de liberté, et semble se déplacer avec facilité.

1. Plusieurs bonnes attitudes

Tout d'abord, il est important de savoir qu'il n'y a pas une seule bonne attitude mais plusieurs, pour chacun des déplacements du cheval. On ne doit pas chercher à placer sa monture dans une attitude figée, immuable : il faut tenir compte du niveau de dressage du cheval, du type de travail demandé et, à l'intérieur de ce travail, de la figure ou du mouvement exécutés.

2. Étendu et détendu

Plus l'impulsion s'exprime vers l'avant, plus l'attitude est basse et ouverte. Si ton cheval marche d'un pas libre en extérieur, il doit avancer avec une encolure basse, la nuque étant pratiquement au niveau du garrot. Il étend ses membres vers l'avant mais ne les relève pas.

3. Rassemblé et placé

Plus l'impulsion s'exprime vers le haut, plus l'attitude est relevée et ramenée. Au piaffer, allure dans laquelle toute l'énergie s'exprime vers le haut, sans déplacement vers l'avant, l'attitude est rassemblée. Le cheval est dans un ramener aussi proche de la verticale que sa conformation le permet.

Question / Réponse

Qu'est-ce qu'un cheval qui se livre ?

Si le cheval a été correctement entraîné, s'il a acquis la souplesse et la force nécessaires pour le mouvement demandé, si les aides du cavalier sont correctes, il va de lui-même chercher la bonne posture pour faire l'exercice le mieux et le plus confortablement possible. On dit qu'il se livre.

4. La mauvaise attitude

Certaines postures sont toujours de mauvaises attitudes, quel que soit le travail demandé. Par exemple, si le cheval se renverse en creusant l'encolure, le bout du nez allant vers le haut, cette position provoque un creusement de toute la colonne vertébrale, et empêche l'engagement des postérieurs. Le cheval qui s'encapuchonne, le chanfrein étant ramené en deçà de la verticale, est aussi une mauvaise attitude. Cette position contrainte et douloureuse prend sur l'impulsion de l'animal et fausse son équilibre.

Bien développer l'impulsion

L'impulsion, ou aptitude du cheval à se porter en avant, est à la base de tout travail efficace en dressage. Il est essentiel de savoir développer cette qualité chez sa monture, que ce soit en basse ou en haute école.

1. Travailler sur le cercle

Le travail en incurvation sur les cercles ou les voltes exige plus d'impulsion que le travail sur les lignes droites. Pour t'entraîner, place-toi sur un cercle et, avec ta jambe intérieure, demande un surcroît d'énergie à ton cheval : il va augmenter son impulsion. Puis entretiens l'impulsion pendant toute l'exécution de la figure.

2. Aborder les transitions

Cet exercice favorise l'impulsion et l'obéissance. Les variations d'allure permettent en effet de tenir le cheval en éveil et de contrôler son mouvement en avant ainsi que sa réactivité aux jambes. Avec un jeune cheval, limite-toi aux transitions simples, c'est-à-dire aux transitions d'une allure à une autre (pas-trot, trot-galop, etc.) Avec un cheval confirmé, essaye les variations de vitesse et d'amplitude dans la même allure (par exemple, trot rassemblé-trot allongé), plus difficiles à réaliser.

3. Affiner ses aides

Le cavalier de dressage doit chercher à affiner ses aides pour que son cheval réponde à la moindre indication. Le bassin, par le jeu du rein, est une aide propulsive très utile. Avec un peu d'exercice, tu parviendras à influencer l'allure de ton cheval en le sollicitant avec ton bassin et ton assiette, sans même avoir recours à tes jambes.

4. S'essayer au piaffer

Si tu as un très bon niveau d'équitation et que tu montes un cheval bien dressé, tu peux t'entraîner au piaffer. C'est un trot rassemblé à l'extrême que le cheval réalise en restant sur place. Cet exercice, qui est la manifestation suprême de l'impulsion, est l'un des plus difficiles à réaliser : il s'agit de conserver l'impulsion et la cadence tout en restant sur place. Plus le cheval gagnera en impulsion, plus il pourra piaffer avec élévation, en place et en restant expressif.

Question / Réponse

D'où vient l'impulsion ?

L'impulsion trouve son origine dans l'arrière-main. Elle se manifeste par l'engagement des postérieurs sous la masse, par une grande régularité et par le fait que le cheval se porte en avant.

Tourner et faire des transitions en équilibre

Lors des tournants et des transitions, l'apprenti cavalier doit résoudre certains problèmes d'équilibre de son cheval. Voici comment il doit s'y prendre pour éviter que son compagnon se couche dans les tournants, ou se mette sur les épaules.

Question / Réponse

Et à l'obstacle ?

À l'obstacle, bien sûr, il est beaucoup question d'équilibre. Un cheval sur les épaules ne peut s'enlever au-dessus de l'obstacle. Il doit lancer sa masse en avant, puis profiter de la vitesse acquise pour se propulser vers le haut en se rassemblant et en se redressant. Entretiens une bonne impulsion, arrive à la bonne vitesse et laisse-lui la liberté d'ajuster son équilibre grâce à son balancier.

1. Force et souplesse

Pour parvenir à tourner en équilibre avec un cavalier sur le dos, le cheval doit engager ses postérieurs sous sa masse – et ce d'autant plus qu'il se déplace à une allure rapide et que le tournant est serré. Pour être à l'aise dans des changements de direction, il doit donc acquérir une solide musculature du dos et de l'arrière-main, ainsi qu'une souplesse suffisante.

2. Alléger l'épaule intérieure

Dans cette perspective, le jeune cheval doit apprendre à tourner en alléger l'épaule intérieure et en reportant du poids vers l'arrière-main. Rien de tel que le travail d'incurvation sur le cercle, qui doit être abordé progressivement aux trois allures. Cela l'oblige à engager ses postérieurs et à soutenir la base de son encolure pour se redresser.

3. Doser l'intervention des rênes

Tu dois doser savamment l'intervention des deux rênes avec, en alternance, effet direct et effet indirect, pour que ta monture s'incurve sur le cercle sans que cela prenne sur l'impulsion et sur la qualité et la cadence de l'allure. Si le cheval a tendance à se traverser sur le cercle, recule la jambe extérieure.

4. Ne pas l'enfermer

Ralentir ou accélérer sans se mettre sur les épaules demande un véritable effort au cheval. Plus la transition est complexe, plus la force et la souplesse requises sont grandes. Il est essentiel qu'il puisse ouvrir l'angle tête-encolure quand ses foulées s'étendent – ici la cavalière le maintient dans une attitude trop ramenée, qui lui demande des efforts douloureux pour se maintenir en équilibre.

5. Demander au cheval de se redresser

Avant d'aborder une transition descendante, amène tes jambes au contact et demande à ton cheval de se redresser par des résistances intermittentes sur les rênes. Une fois qu'il reporte du poids vers l'arrière-main, tu peux demander la transition en te redressant. Une transition montante se prépare de la même façon et s'obtient par l'action des jambes et de l'assiette accompagnée d'une nette ouverture des doigts.

Apprendre à varier l'allure

Au début, tu apprends à avancer et à ralentir en demandant des changements d'allure. Ensuite, tu dois être capable d'obtenir des variations dans une même allure. Travaille d'abord le pas et le trot.

LEXIQUE

- **Précipiter l'allure :** Le cheval précipite l'allure lorsque, répondant à une action de jambe, il accélère le rythme des foulées au lieu d'augmenter leur étendue.

1. Plus ou moins "comprimé"

Dans une même allure, le cheval peut se déplacer avec des foulées plus ou moins étendues : on parle ainsi de pas rassemblé, pas de travail, pas moyen, pas allongé... Il faut apprendre à sentir les déplacement de sa monture pour estimer de son allure et savoir correctement lui demander d'être plus actif pour passer au degré supérieur de l'allure (du trot de travail au trot moyen) ou au contraire de réduire son amplitude en se "comprimant" pour passer au degré inférieur – l'exemple extrême de la "compression" au pas étant le piaffer (ci-contre).

2. Allonger le pas

Pour rendre le cheval plus actif au pas, il faut lui demander d'allonger ses foulées. Tu dois agir progressivement. Pousse avec l'assiette et ferme les jambes par pressions intermittentes. Tes doigts doivent bien céder car ta monture a besoin d'étendre davantage l'encolure. Tu dois sentir nettement l'arrière-main s'activer.

3. Au trot sur un cercle

À présent, mets ton cheval au trot. Essaye d'obtenir une allure active sans qu'il précipite le trot. Pour l'obliger à s'équilibrer et à travailler davantage son arrière-main, mets-toi sur un cercle. Tu dois sentir qu'il se "grandit".

4. Rester décontracté(e)

Lorsque ton cheval est dans un trot moyen, équilibré et actif, il se déplace de façon importante. Efforce-toi de rester assis(e) dans la plus grande décontraction possible, en encaissant les mouvements avec les reins. Le cheval ne doit pas s'appuyer sur son mors, et tu ne dois pas agiter tes mains ni te crisper sur les rênes.

5. Allonger le trot

On demande l'allongement au trot dans une ligne droite. Dans le tournant qui la précède, commence à stimuler l'impulsion avec tes jambes et ton assiette. En arrivant sur la ligne droite, ouvre progressivement tes doigts. Prends le trot enlevé pour ne pas gêner le cheval et dose l'action de tes jambes pour que ta monture allonge ses foulées sans *précipiter son allure*. Laisse-lui étendre peu à peu l'encolure.

Le pas allongé

Au pas allongé, le cheval doit couvrir le plus de terrain possible à chaque foulée sans modifier sa cadence. Il étend l'encolure tout en restant tendu.

1. Bien placer le cheval

Pour pouvoir allonger son pas, le cheval doit être actif et franc, attentif et dans un bon équilibre. Lors de l'allongement, il aura tendance à reporter du poids sur l'avant-main et, s'il est déjà sur les épaules avant le début de l'exercice, il risque de trébucher. Il doit donc être bien placé et bien posé sur son mors, tendu et droit.

2. Se détendre

Tu dois être parfaitement d'aplomb dans ta selle, droit. Ton regard porte loin en avant, tes coudes sont souples et tes épaules, décontractées. La décontraction est fondamentale, car c'est elle qui te permettra d'accompagner souplement le cheval.

3. Ouvrir les doigts

Accentue le mouvement du bassin. Ouvre tes doigts progressivement sur les rênes, mais sans les laisser filer ni perdre le contact. Accentue le mouvement de ton bassin, pour pousser le cheval sans le bousculer. Agis avec tes deux jambes alternativement pour inciter les deux postérieurs à s'engager tour à tour.

4. Déplier les coudes

Augmente progressivement le mouvement de ton bassin tout en respectant la cadence : le bassin soutient l'action du cheval. Pour accompagner l'extension progressive de l'encolure, déplie tes coudes et avance tes mains. Ce mouvement doit répondre à la demande du cheval qui se tend sur son mors. Le cheval doit atteindre l'allongement maximal en deux ou trois foulées, sans quoi la transition est trop diluée.

Question / Réponse

Le pas allongé est-il facile ?

Curieusement, il est souvent plus difficile d'obtenir un bon allongement au pas qu'au trot. Le pas allongé demande un dosage très subtil des aides, qui doivent stimuler le cheval et favoriser son extension, mais sans jamais le bousculer. Il témoigne d'un excellent niveau de dressage.

Le trot allongé

Cette allure est magnifique à voir ! Le cheval, augmentant l'amplitude de ses foulées tout en conservant une cadence régulière, semble planer... Mais, pour le cavalier, le confort n'est pas à la mesure de la beauté du geste !

LEXIQUE

- **Amplitude :** Longueur de la foulée.
- **Cadence :** Fréquence à laquelle se pose le même pied ; elle doit être régulière à l'intérieur d'une allure, quelle que soit l'amplitude.
- **Transition ascendante :** Passer à une allure supérieure ou à une amplitude supérieure dans la même allure.

1. La rectitude essentielle

À la sortie d'un tournant du manège, engage ton cheval sur la diagonale. Attention, ne demande pas l'allongement tant qu'il est encore incurvé. Attends bien qu'il soit complètement rectiligne sur la diagonale. De nombreuses fautes lors de l'allongement proviennent d'un défaut de rectitude.

2. Étendre les foulées

Lorsque ton cheval est parfaitement rectiligne, ferme les jambes, puis ouvre les doigts pour la *transition ascendante*. Observe ici combien les foulées s'étendent. L'encolure s'allonge et le chanfrein s'avance légèrement : ce point est très important. Il est néfaste de demander un allongement avec un cheval enfermé.

3. Garder le bassin souple

Au trot allongé, l'impulsion donnée par les postérieurs est puissante et marquée. Tu ressens fortement le déplacement. Tu dois avoir une excellente assiette, garder le bassin souple et les jambes descendues.

4. Gare à la transition descendante !

Quelques foulées avant la fin de la diagonale, ferme les doigts et maintiens le contact avec les jambes. Tu dois te grandir dans la selle pour inciter le cheval à se redresser et à se comprimer, sans l'enfermer – ici il s'encapuchonne, ce qui n'est pas bon. Anticipe les secousses par une grande souplesse des reins et laisse bien descendre tes jambes.

5. Des mains fixes

Tes mains doivent rester fixes ; des mains qui s'agitent incitent le cheval à entrer en défense et brisent la régularité de l'allure – la transition descendante est alors saccadée, ce qui coûte beaucoup de points en concours !

Du pas au galop et du galop au pas

Passer du pas au galop et du galop au pas pose au cheval essentiellement un problème d'équilibre et de souplesse. La clé de cet exercice est d'obtenir de ta monture une allure équilibrée et active avant de demander la transition.

Question / Réponse

Où demander la transition ?

Lorsqu'on enseigne au cheval ces transitions pas-galop, on peut, dans un premier temps, les demander toujours au même point : en E, par exemple. Cela aide le cheval à anticiper la transition, qui sera plus nette. Mais passé les premières leçons, il faut au contraire faire la demande en différents points.

1. Se préparer

Pour bien préparer ton cheval au départ au galop depuis le pas, il faut l'inciter à se redresser et à reporter son poids sur l'arrière-main. Pour cela, tu peux avoir recours à des exercices simples, comme un cercle de petite dimension, mais aussi au travail sur deux pistes – épaule en dedans, pas de côté ou, si ton cheval a un niveau de dressage suffisant, appuyer. Le cheval doit devenir léger sur son mors tout en restant attentif et actif.

2. Prendre le galop

Mets tes aides en place ; jambe gauche à la sangle, jambe droite légèrement reculée, poids du corps à l'extérieur, appui de la rêne intérieure. Agis fermement avec tes jambes, pousse avec l'assiette et ouvre tes doigts : ton cheval doit prendre le galop en soulevant son avant main, avec légèreté.

3. Réduire l'amplitude de l'allure

Laisse-le galoper droit pendant quelques foulées, puis engage-le sur un cercle de 20 m de diamètre. Comme au pas, incite-le à s'incurver, puis à réduire l'amplitude de l'allure, sans repasser au trot. Lorsqu'il a trouvé son équilibre dans une cadence régulière, sans s'appuyer sur la main, il est prêt pour la transition descendante.

4. Résister sur les rênes

Remets ton cheval droit, sur la piste ou sur la diagonale. Résiste sur les rênes et redresse le buste en montant légèrement les mains, tout en gardant des jambes présentes. Lors de l'apprentissage, tu peux lui accorder quelques foulées au trot avant de repasser au pas. Mais lorsqu'il aura acquis la force et l'équilibre nécessaire, il devra repasser directement au pas, sans trotter.

5. Repasser au pas

Dès que ton cheval amorce la transition, cède dans tes aides, puis, quand il se met au pas, rends. Si jamais il repasse au trot, donne des jambes pour le remettre aussitôt au galop sur le cercle, et redemande ensuite la transition.

Comment obtenir un cheval droit

Le cheval droit est une sorte d'idéal que l'on atteint rarement, mais que l'on ne cesse jamais de poursuivre. Cette quête apporte au fil des ans tout ce qu'un cavalier de dressage recherche : impulsion, équilibre, cadence, légèreté, grâce.

Question / Réponse

Faut-il utiliser des enrênements ?

Les enrênements sont à employer avec la plus grande prudence car, en imposant artificiellement une certaine attitude au cheval, ils risquent de provoquer plus de contractures qu'ils n'apportent de souplesse et de décontraction.

1. La rectitude

La notion de rectitude est difficile à comprendre et à appliquer. Un cheval droit n'est pas, en effet, un cheval qui avance sur une ligne droite. Il peut être droit… sur un cercle. Il faut en fait que les pieds de derrière suivent exactement les lignes tracées par ceux de devant. Cela signifie que le déplacement des épaules et celui des hanches sont équilibrés et que la colonne vertébrale est droite ou infléchie selon une parfaite régularité.

2. Se tenir droit(e)

La plupart des chevaux ont un côté qu'ils préfèrent, qui correspond à une certaine inflexion de leur colonne vertébrale, à une déviation légère des hanches et à un port de tête “plié” à droite ou à gauche. Lorsque tu montes, tu dois donc avoir le souci permanent de compenser ce travers naturel et d'obtenir une parfaite rectitude. Et n'oublie pas, toi aussi, de te tenir droit(e) !

3. Découvrir l'origine des résistances

Avant de chercher à réduire des résistances et à dénouer des raideurs nuisant à la rectitude de ton cheval, tu dois en comprendre l'origine. La raideur peut provenir des hanches, du dos, des épaules, de l'encolure, de la nuque, d'une force inégale entre les membres, d'aplombs défectueux. Attention de ne pas demander non plus des figures trop difficiles à un cheval en dressage élémentaire (un placer contraint, imposé par les rênes allemandes, par exemple, compromet la rectitude).

4. Assouplir

Il va te falloir dans tous les cas assouplir et décontracter ta monture. Pour améliorer sa souplesse latérale, choisis des exercices qui l'incitent à s'incurver. Commence par les figures les plus simples – cercles au pas et au trot – et évolue progressivement vers des assouplissements plus complexes : épaules en dedans, travail sur le cercle au galop, etc. Pour encourager sa souplesse longitudinale, réalise des transitions.

5. Prendre son temps

Les exercices destinés à atténuer puis dénouer une raideur ne doivent pas provoquer de douleur : tu dois les pratiquer sur un temps très bref, les varier souvent, et accorder toutes les cinq à dix minutes une récréation complète, rênes longues, qui permettra à ton cheval de se décontracter. Rien ne sert de vouloir aller vite. Laisse à ta monture le temps de modifier progressivement son corps.

Travailler le dos du cheval

"Travailler son dos", "lui faire monter son dos", "travailler sa ligne du dessus" : les cavaliers de compétition n'ont que ces mots à la bouche. Mais pourquoi sont-ils aussi préoccupés du dos de leur monture ?

LEXIQUE

- **En main :** Un cheval en main a la tête fixe, l'encolure soutenue sans raideur, le chanfrein à la verticale. Il est dans une bonne condition de travail musculaire.

1. Un peu d'anatomie

Beaucoup de cavaliers croient que le cheval est fait pour nous porter. Eh bien, non ! Ce n'est pas naturel pour lui. Son dos est en forme de cuvette et nous nous asseyons donc sur une cambrure naturelle, au risque de la creuser davantage. Pour compenser la pression, le cheval doit contracter ses abdominaux et "monter son dos". Pour cela, il doit relâcher ses muscles dorsaux, et non les crisper.

2. Assouplir avant de muscler

Tu dois donc assouplir et décontracter le dos de ton cheval, avant de le muscler. Si tu travailles dans la contraction, il se développe des fibres musculaires courtes, qui font perdre à ta monture la possibilité d'étendre et de remonter sa ligne du dessus – ce qui lui est nécessaire pour bien soutenir ton poids.

3. Travailler sur le cercle

Le mot d'ordre est donc : travailler les abdominaux et étirer les dorsaux. Pour cela, travaille sur des cercles : cela permet d'assouplir les muscles dorsaux par une élongation latérale, tout en sollicitant les abdominaux par l'engagement des postérieurs nécessaire au maintien de l'équilibre sur le cercle.

4. Faire des transitions

Les transitions renforcent toute la sangle abdominale et obligent le cheval à monter son dos en engageant ses postérieurs. Adapte ce travail aux possibilités de ta monture : transitions simples d'une allure à l'autre pour un poulain ou un cheval "démusclé" ou raide ; transitions complexes (du trot à l'arrêt, du pas au galop, etc.) et variations d'allure pour un cheval mieux mis.

5. L'épaule en dedans

Tu peux ensuite aborder l'épaule en dedans. Lors d'une épaule en dedans, ton cheval doit à la fois s'incurver et alléger son avant-main, pour pouvoir croiser les antérieurs et engager fortement ses postérieurs (notamment le postérieur intérieur, ce qui l'oblige à contracter ses abdominaux). Contraction de la ligne du dessous, soutien et élongation de la ligne du dessus : tout y est !

La cession à la jambe

Pour la cession à la jambe, le cheval cède à l'action d'une jambe isolée en déplaçant ses hanches du côté opposé. Pour lui enseigner ce principe, on peut réaliser un exercice simple : le demi-tour autour des épaules.

1. Reculer la jambe et agir latéralement

À partir d'un pas assez actif, ordonne un arrêt. Garde bien le contact afin de mobiliser l'attention de ta monture. Pour un demi-tour autour des épaules vers la droite, demande un pli à gauche par une légère résistance de la main gauche. Recule la jambe gauche à partir de la hanche et, en gardant le talon bas, agis latéralement. Le cheval déplace ses hanches vers la droite.

2. Interrompre l'action, demander un nouveau pas

Dès que le cheval déplace un postérieur latéralement, cède avec la jambe (interromps l'action). Demande un nouveau pas par une nouvelle action. Le cheval tourne autour de son antérieur gauche. Tes mains restent discrètes, opposant une légère résistance si le cheval se porte en avant, mais sans jamais agir vers l'arrière.

3. Garder l'antérieur à la même place

Ta main gauche maintient le pli. Il est important que le cheval ne recule pas. L'antérieur droit décrit un petit cercle autour de l'antérieur gauche, qui se lève et se repose en rythme en restant à la même place.

4. Terminer l'exercice

Veille à ce que le cheval ne s'enferme pas. Une attitude légèrement ouverte est préférable à une attitude *encapuchonnée*. Dès que le cheval a achevé son demi-tour, ouvre les doigts et incite-le à se porter en avant et droit. Il n'est pas conseillé de poursuivre l'exercice sur un tour complet.

LEXIQUE

- **Encapuchonné :** Ce terme est employé pour un cheval qui ramène le chanfrein en deçà de la verticale (qui "s'encapuchonne").

Le travail sur deux pistes

On appelle "piste" la ligne sur laquelle on fait marcher le cheval. Il y a deux pistes quand ses postérieurs suivent une ligne parallèle à celle tracée par ses antérieurs. Le travail sur deux pistes est très bénéfique pour le cheval comme pour le cavalier !

Question / Réponse

Le principe de rectitude est-il respecté?

À première vue, le travail sur deux pistes peut paraître contraire au principe de rectitude, surtout lorsqu'il s'agit de l'épaule en dedans, où le cheval marche en quelque sorte incurvé et en biais ; mais il n'en est rien, car on respecte la régularité de l'incurvation.

1. Assouplir son cheval

Le travail sur deux pistes est un bon exercice d'assouplissement au niveau des hanches et de toute la colonne vertébrale, de la nuque à la queue. Il dégage les épaules et donne ainsi au cheval souplesse et mobilité. Il faut, bien sûr, exercer sa monture alternativement de chaque côté.

2. Les aides à employer

Le travail sur deux pistes demande une bonne coordination des aides. Conjugue l'action des deux mains, de l'assiette et des jambes, celles-ci travaillant indépendamment, l'une étant reculée pour pousser les hanches, l'autre se rapprochant plus ou moins de la sangle selon l'incurvation recherchée.

3. Faire d'abord des exercices simples

Commence par t'exercer à employer ces aides avec des exercices de simple déplacement des hanches, comme le demi-tour autour des épaules (qui est un exercice de cession à la jambe et non un travail sur deux pistes).

4. L'épaule en dedans

Le travail sur deux pistes proprement dit englobe différents exercices, dont l'épaule en dedans. Cet assouplissement, considéré comme une véritable panacée, peut se pratiquer dès que le cheval est capable de venir sur la main et qu'il a acquis la notion de cession à la jambe.

5. L'appuyer

Avec l'aide de ton entraîneur, tu peux aussi aborder l'appuyer si ton cheval est suffisamment dressé. Dans cet autre exercice sur deux pistes, le cheval se déplace latéralement sur une ligne oblique. Le bout du nez doit être tourné dans la direction du déplacement, l'obliquité et la cadence restant constantes. Le cheval doit croiser ses antérieurs et ses postérieurs.

L'épaule en dedans

L'épaule en dedans est une excellente gymnastique pour le cheval, qu'elle assouplit longitudinalement et latéralement, ainsi qu'une école formidable pour le cavalier.

Question / Réponse

Quels sont ses bienfaits ?

Les bienfaits de l'épaule en dedans sont nombreux. Ce travail assouplit le cheval, améliore sa soumission et son équilibre. Il redresse un cheval qui a tendance à s'appuyer sur son mors. Enfin, il permet de travailler la cadence et la régularité.

1. Faire une rêne d'ouverture

Pour une épaule en dedans à main gauche, fais une rêne d'ouverture gauche, comme pour quitter la piste sur une demi-volte renversée. Tu amènes ainsi l'avant-main du cheval à quitter la piste, selon une inclinaison de 30° par rapport à celle-ci.

2. Pousser les épaules et les hanches

Transforme ta rêne d'ouverture en rêne d'opposition, pour pousser les épaules du cheval vers la droite et limiter le mouvement en avant. En même temps, ta jambe gauche, légèrement reculée, pousse les hanches vers la droite. Ta jambe droite entretient l'impulsion.

3. Tenir la tête droite

Ton assiette incite le cheval à se déplacer vers la droite. Garde la tête droite, le regard porté dans la direction du mouvement. La jambe extérieure (ici la droite) limite le déplacement des hanches.

4. Garder le cheval décontracté

Si le mouvement est bien fait, le cheval doit être légèrement et également incurvé de la nuque à la queue, avec un pli du côté opposé au déplacement. Le mouvement doit être souple, ta monture étant décontractée dans sa bouche et dans sa nuque. Ses membres se croisent légèrement au pas et au trot.

5. Engager le cheval sur un cercle

Après quelques foulées d'épaule en dedans, transforme la rêne d'opposition en rêne d'ouverture pour engager le cheval sur un cercle ou une demi-volte, dans une impulsion franche. Cette façon de clore l'exercice remet ta monture dans le bon pli et l'incite à se porter en avant même dans les déplacements latéraux. C'est le moment idéal pour demander un départ au galop en prise d'équilibre.

Le ramener

Le ramener est une position particulière où le cheval, portant l'encolure haute, ramène la tête en abaissant le chanfrein jusqu'à la verticale. Magnifique !

Question / Réponse

Cette attitude est-elle naturelle ?

Oui. Le ramener est une position naturelle que le cheval adopte quand il souhaite se donner de l'importance, base de l'encolure relevée, nuque fléchie, chanfrein vertical. Les cavaliers de dressage cherchent à retrouver cette posture qui permet au cheval d'exprimer sa puissance avec grâce.

1. Le poids du corps sur les hanches

Le ramener s'adresse à des cavaliers et à des chevaux ayant déjà un certain niveau de dressage. Il s'obtient d'abord avec des exercices qui obligent le cheval à reporter une partie du poids du corps sur ses hanches : épaule en dedans, flexions latérales sur des cercles ou des serpentines, etc.

2. Arrondir le cheval

Si tu résistes dans tes mains tout en maintenant l'impulsion, un cheval dressé répond en cédant dans sa nuque et dans sa mâchoire et en s'arrondissant : il fléchit davantage ses hanches et ses jarrets. Il se propulse de façon plus élastique, les rênes semblant presque se détendre ; il "remonte dans la main", comme disait le célèbre écuyer James Fillis.

3. Le ramener découle de l'équilibre

Le ramener ne doit pas être une attitude contrainte : un cheval suffisamment dressé, musclé et équilibré l'adopte de lui-même, sans peser sur son mors, pour exécuter certains exercices. Cette attitude ne doit, ni ne peut, être obtenue par l'usage d'enrênements ou d'embouchures sévères. Ceux-ci imposent un placer artificiel, le plus souvent en arrière de la main (comme ci-contre), compromettant la juste impulsion, la légèreté et l'équilibre qui sont recherchés.

4. Obtenir la légèreté

Le ramener implique en effet une grande légèreté. Plus le cheval se rapproche du ramener, plus le contact devient léger. Lorsqu'il atteint cette attitude, tu ne dois plus rien "avoir" dans les mains. Le cheval soutient la base de son encolure et porte sa tête comme sans effort.

5. Ouvrir l'angle tête-encolure

Le ramener n'est pas une attitude constante, il correspond aux mouvements rassemblés. Ainsi, dans les allongements, tu dois laisser ton cheval avancer légèrement son chanfrein et ouvrir l'angle tête-encolure.

Le rassembler

Rassembler un cheval, c'est le mettre dans un équilibre parfait et lui permettre de disposer de toutes ses forces et de toute son efficacité. Le résultat d'un long travail !

LEXIQUE

- **Passage :** Le cheval trotte en levant haut ses membres sur un rythme très cadencé et plutôt lent.
- **Piaffer :** Le piaffer est la même chose que le passage, mais sur place.
- **Changement de pied au temps :** Le cheval galope une foulée sur le pied gauche, une foulée sur le pied droit et ainsi de suite.

1. Qu'est-ce que le rassembler ?

Le rassembler est l'attitude du cheval qui rassemble ses forces. Pour cela, il rapproche ses membres de son centre de gravité tout en redressant son encolure et en ramenant son chanfrein près de la verticale. On compare souvent le rassembler du cheval à l'attitude du fauve qui s'apprête à bondir, muscles bandés. À partir de cette position, il peut déclencher une action foudroyante à tout instant.

2. L'objectif du dresseur

Un cheval rassemblé fléchit ses hanches et ses jarrets, qui agissent alors comme de puissants ressorts ; cela permet l'allègement de l'avant-main, qui reste parfaitement mobile. Pour le cavalier de dressage, le rassembler est l'objectif central. Il va permettre différentes figures, le piaffer, le passage, le changement de pied au temps…

3. Avoir des aides très subtiles

Si tu veux travailler le rassembler, tu dois disposer d'une assiette parfaite, d'aides fines et indépendantes, ainsi que d'une sérieuse expérience en dressage. Le rassembler ne doit pas être, comme on le voit trop souvent, l'effet d'une compression entre les mains et les jambes du cavalier. Il n'est pas le résultat d'un travail en force mais, au contraire, l'expression de la suprême légèreté d'un cheval parfaitement souple et en équilibre, maîtrisé par des aides subtiles.

4. Agir avec les jambes

Ce sont tes jambes qui vont amener ton cheval à se rassembler. Tes mains, elles, ne font que recueillir et filtrer l'impulsion venue de l'arrière-main. Résiste donc à la tentation d'utiliser la tension des rênes pour inciter le cheval à se rassembler.

5. La souplesse nécessaire

Le rassembler met en jeu une grande souplesse. Un cheval raide ne peut pas plus adopter le rassembler qu'une personne raide ne pourrait exécuter une arabesque. Pour cela, fais travailler à ta monture des assouplissements latéraux (cercles, serpentines, épaule en dedans) et longitudinaux (transitions, reculer). Tous ces exercices, qui amènent progressivement le cheval à se redresser et à raccourcir ses foulées tout en engageant ses postérieurs, conduisent au rassembler.

Choisir une bride

La bride est un harnachement qui comporte deux mors et quatre rênes. Elle peut devenir un instrument de grande précision. Mais elle ne doit être utilisée que par des mains douces et expertes !

La bride est très encombrante pour le cheval. Tu ne dois y avoir recours que si tu travailles toi-même en dressage, sur un cheval ayant lui-même déjà atteint un bon niveau (ramener, travail sur deux pistes). Tu dois savoir faire preuve de discernement dans l'emploi de cette embouchure sévère. Ne l'utilise pas comme un instrument de coercition, mais comme un outil de précision permettant d'étendre la palette des aides et de développer un dialogue plus nuancé avec le cheval. Tu te sens prêt(e) à utiliser un tel harnachement ? Alors, respecte les conseils suivants.

Trouver la bonne taille

Tu dois choisir ta bride en fonction de plusieurs critères : la taille de la tête et de la bouche de ton compagnon, la solidité du cuir, le confort, l'esthétique... En ce qui concerne la taille, si tu ne trouves pas un modèle allant parfaitement à ta monture,

RÉSERVÉE AUX CHEVAUX (ET AUX CAVALIERS !) CONFIRMÉS
Ne mets pas la bride trop tôt à un jeune cheval. Pour la porter, il doit avoir atteint un bon niveau de dressage.

Zoom technique

L'action de la bride

La bride a un effet puissant car elle combine l'action de deux mors. Le mors de filet agit sur la bouche du cheval, près de la commissure des lèvres et permet un bon contact. Le mors de bride agit sur la langue et ferme l'angle tête-encolure, exerçant un effet abaisseur sur la nuque. Le mors de bride est assorti d'une gourmette : plus elle est serrée, plus l'action du mors est sévère.

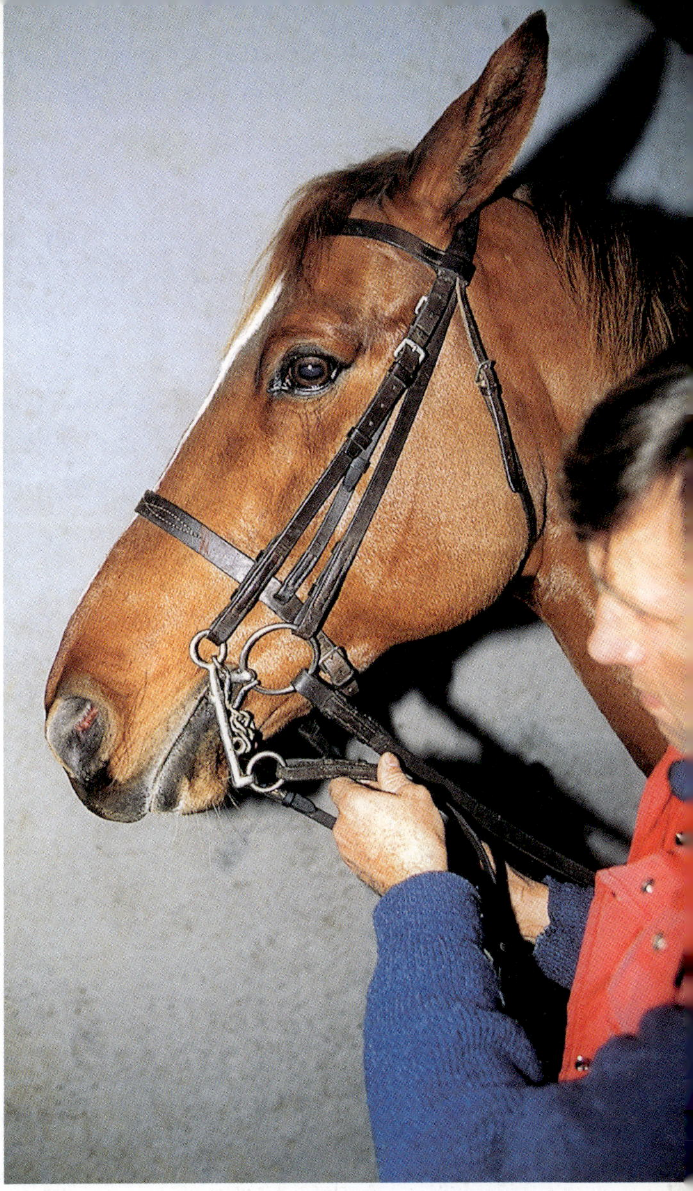

sache que tu peux acquérir les cuirs et les embouchures séparément, ce qui te permet de constituer une bride selon la conformation de ton cheval. Tu peux aussi opter pour une bride ayant de nombreuses possibilités de réglage. Enfin, n'hésite pas à changer le frontal s'il est trop juste ou trop lâche.

La solidité

Pour le choix du cuir, tu dois surtout privilégier la solidité, qui est une garantie de sécurité et de... longévité. Une bride réalisée dans un bon cuir durera des années, voire des dizaines d'années ! Le cuir idéal est non seulement épais, mais aussi taillé dans des peaux de bonne qualité, bien tannées et bien travaillées. Observe aussi attentivement les coutures et la bouclerie.

Le confort

Ton cheval doit être le plus à l'aise possible malgré sa bride. Veille à ce que le cuir soit souple malgré son épaisseur, à ce que le bord des harnais ne soit pas net et râpeux mais arrondi, l'angle étant cassé. Les boucles doivent être protégées au niveau des points de friction.

L'esthétique

Chacun choisit sa bride selon son goût : cuir brun, blond ou noir, plat ou rond, bouclerie inox ou dorée. Le tout est d'harmoniser les différentes pièces du harnachement et de tenir compte de la robe du cheval. À toi de brider ta monture avec goût !

BIEN RÉGLER LA GOURMETTE
Bien réglée, la gourmette vient au contact de la barbe lorsque le mors de bride fait un angle de 45° avec la bouche du cheval.

Trucs & astuces

▸BIEN AJUSTER SA BRIDE

Voici quelques conseils pour savoir comment ajuster correctement ta bride :
– la muserolle se règle à un ou deux travers de doigt de l'apophyse zygomatique : elle évite que le cheval ouvre exagérément la bouche ;
– le mors de filet doit faire un pli à la commissure des lèvres ;
– le mors de bride repose sur les *barres*, à deux ou trois travers de doigt des *coins* pour les juments, et à un ou deux travers de doigt des *crochets* pour les mâles.

LEXIQUE

- **Barres :** Espaces libres entre les dents de devant et les prémolaires.
- **Coins :** Incisives latérales.
- **Crochets :** Canines.

Démonter et remonter une bride

Pour nettoyer correctement une bride, la réparer, en changer des éléments, il faut la démonter... et savoir la remonter ensuite. Au travail ! Avec un peu de réflexion, il n'y a guère moyen de se tromper.

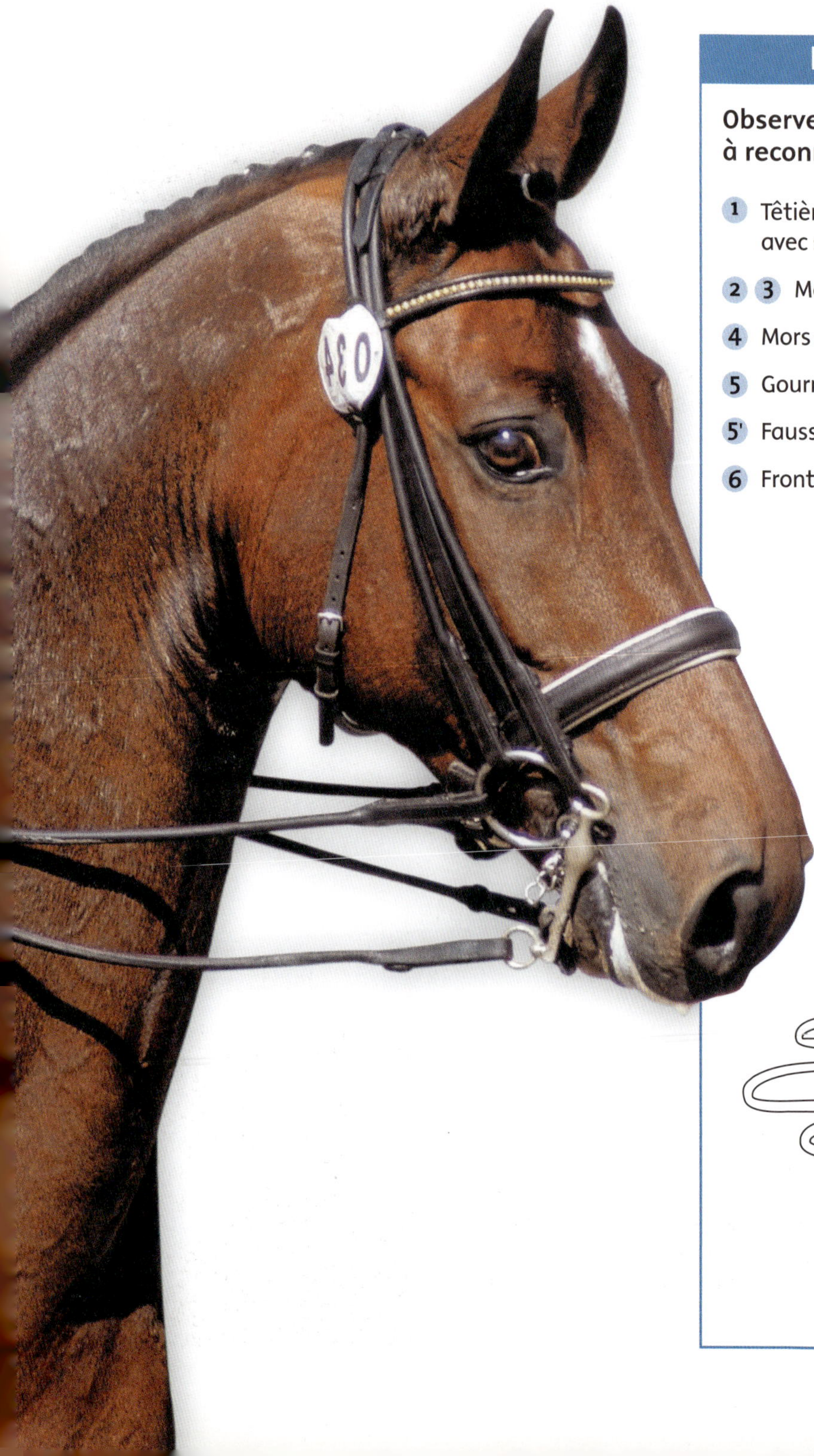

Reconnaître chaque pièce de la bride

Observe bien le dessin ci-dessous et exerce-toi à reconnaître chaque pièce.

1. Têtière de la bride, avec sous-gorge
2. 3 Montants de la bride
4. Mors de bride
5. Gourmette
5'. Fausse gourmette
6. Frontal
7. Têtière et montant droit du filet
8. Montant gauche du filet
9. Mors de filet
10. Montants et têtière de la muserolle, muserolle
11. Rênes de filet
12. Rênes de bride

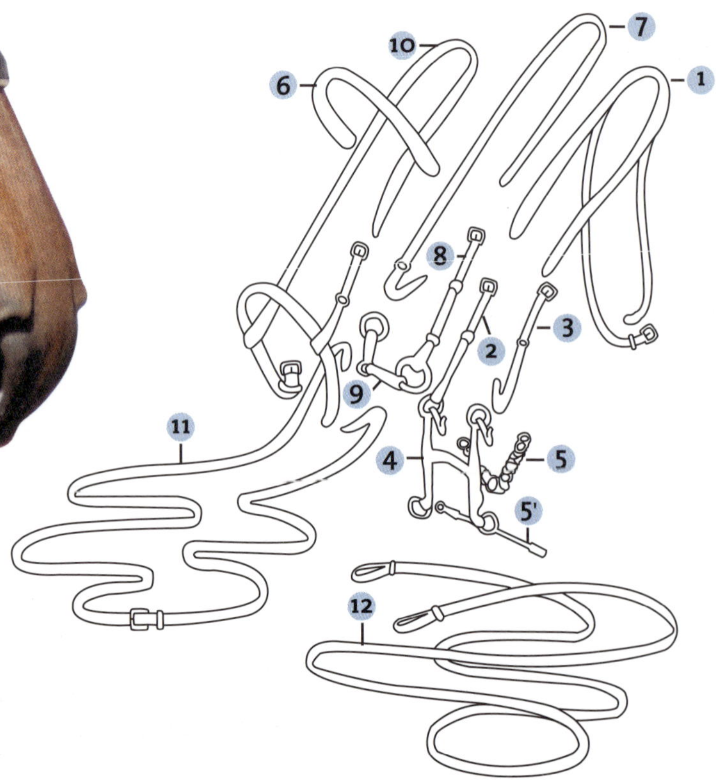

1. Démonter et trier

Pour démonter la bride, il te suffit de détacher toutes les boucles une à une. Nomme mentalement chaque pièce lorsque tu la détaches. Pose les différents éléments à plat, côte à côte, selon un ordre logique.
En principe, les deux paires de rênes sont semblables et interchangeables. Pour commencer, fixe une paire de rênes au mors de filet. Fixe ensuite le montant droit du filet, qui fait également office de têtière, sur l'anneau droit du mors de filet.

2. Après le filet, la bride

Fixe maintenant le montant gauche du filet sur l'anneau gauche. Au tour de la bride ! Glisse la têtière de celle-ci dans le frontal, en prenant soin de placer celui-ci vers l'avant, la sous-gorge se trouvant à droite. Boucle la sous-gorge afin qu'il n'y ait pas de confusion possible. Fixe ensuite les montants de la bride à droite et à gauche sur les anneaux du mors de bride. Attache les à droite et à gauche sur la têtière.

3. Le mors de bride dans le bon sens

Glisse la têtière de la bride dans le frontal, en prenant soin de placer celui-ci vers l'avant, la sous-gorge se trouvant à droite. Boucle la sous-gorge afin qu'il n'y ait pas de confusion possible. Fixe ensuite les montants de la bride à droite et à gauche sur les anneaux du mors de bride : vérifie que tu places le mors dans le bon sens, les anneaux des rênes et les crochets de la gourmette se trouvant vers l'arrière. Puis attache les montants de la têtière.

4. Finir le montage

Glisse la têtière du filet dans le frontal, sous la têtière de la bride, puis attattache-la au montant gauche. Le mors de filet vient derrière le mors de bride, et un peu plus haut. Glisse le montant de la muserolle dans le frontal, sous le montant du filet et de la bride, puis boucle-le. Fixe les rênes de bride, et voilà, la bride est remontée !

Détendre mon cheval en longe

La détente en longe permet d'échauffer le cheval et de le préparer à la séance de travail qui suivra. Il jette ainsi son feu sans gaspiller son énergie et se trouve dans les meilleures dispositions pour être monté.

LEXIQUE

- **Chambrière :** Long "fouet" composé d'un manche prolongé d'une mèche de coton de longueur égale. Elle est utilisée pour encadrer et donner des indications, jamais pour corriger.

1. L'échauffer calmement

Ton cheval doit s'échauffer calmement. Fais-le marcher aux deux mains d'un bon pas pendant au moins 5 minutes. S'il se montre agité et que tu crains des débordements, n'hésite pas à marcher avec lui en le tenant en main. En effet, des explosions d'énergie sur des muscles froids peuvent provoquer des dommages.

2. Le récompenser

Assois ton autorité dès le début de la séance afin de conserver ensuite le contrôle des opérations à toutes les allures. Pendant l'échauffement au pas, demande quelques arrêts avec un instant d'immobilité. Récompense ton cheval par la voix, éventuellement par la caresse, et n'insiste pas trop : le début de la détente doit se dérouler dans une atmosphère calme et bon enfant.

3. Le mettre au trot

Mets ensuite ton cheval au trot, et laisse-le trotter à son rythme. Maintiens cette allure pendant environ 3 minutes à chaque main, en demandant un arrêt pour changer de main. Pendant cette première phase de la détente au pas et au trot, ta monture doit pouvoir étendre librement son encolure ; ne l'enrêne pas. Il s'agit de détente et non de travail.

4. Le faire galoper

Si ton cheval est suffisamment éduqué à la longe, tu peux le faire galoper aux deux mains, toujours assez librement. S'il manifeste sa vitalité par des explosions d'énergie, en lançant par exemple des ruades, laisse-le faire. Toutefois, tu dois le maintenir sur le cercle. Empêche-le de venir vers toi ou de te tourner le dos. Veille à garder le bout de son nez vers l'intérieur du cercle (à l'inverse de la photo). Reste à hauteur de son épaule et encadre-le avec la longe et la chambrière.

5. Arrêter la séance

Tu peux ensuite le faire brièvement travailler au deux mains avec un enrênement – pas plus de quelques minutes, c'est une détente, pas une séance de travail ! Remets ensuite ton cheval au pas dans le calme et demande-lui un ou deux arrêts. La détente en longe est terminée ; elle a duré de 10 à 20 minutes. À présent, tu peux monter à cheval.

Détendre mon cheval en liberté

Après de longues heures passées à l'écurie, la détente en liberté permet à ton cheval de retrouver des sensations naturelles et lui donne un sentiment de bien-être très bénéfique.

L'ÉCHAUFFER D'ABORD
Ton cheval ne doit pas passer de l'immobilité du box à un grand galop ! Il faut l'échauffer en longe.

Quand tu n'as pas le temps de monter ton cheval, offre-lui une petite détente en liberté. Il sera ravi de quitter son box pour galoper et se défouler à son aise. C'est aussi une bonne occasion de l'observer, de communiquer avec lui et d'affirmer ton autorité sans le contraindre, dans une atmosphère détendue. Commence par échauffer ton cheval : fais-le marcher en main ou en longe au moins cinq minutes, puis demande-lui le trot, en longe, pendant quelques minutes aux deux mains. Ensuite, retire-lui son harnachement et lâche-le. Laisse-le courir et bondir librement aussi longtemps qu'il manifeste l'envie de se détendre.

LE FAIRE OBÉIR À LA VOIX
Lance ton cheval au galop d'une voix ferme, puis demande-lui le trot.

Pas, puis galop !

Lorsque ton cheval a jeté son feu, qu'il s'est roulé, il commence à s'intéresser à ce qui se passe autour de lui, à flairer le sol et les différents objets qui piquent sa curiosité. Dès qu'il s'immobilise, essaie de capter son attention. En te plaçant comme tu le ferais à la longe, demande-lui de marcher sur la piste. Suis-le à distance en restant à hauteur de son épaule. Puis, incite-le à partir au galop de la voix et, en te plaçant au niveau de sa hanche, lève si nécessaire la chambrière. Lorsqu'il commence à ralentir, oblige-le à faire encore quelques foulées en disant clairement : "Galope ! Galope !" Demande-lui ensuite de repasser au trot, puis au pas. Cette phase ne doit pas durer plus de quelques minutes.

Arrêt !

Lors de la séquence suivante, donne à ton cheval l'ordre vocal de s'arrêter. En même temps, place-toi devant lui, à quelques mètres. Dès qu'il s'arrête, félicite-le et marche vers lui. S'il fait mine d'avancer, répète l'ordre vocal de l'arrêt. Il part quand même ? Dis « Non ! » d'un ton catégorique, puis pousse-le vivement au galop. Reprends le travail depuis la transition galop-trot. Ton cheval doit maintenir l'arrêt et rester immobile. Dès que tu arrives à sa hauteur, caresse-le, puis recule, tout en continuant à demander l'immobilité. S'il donne des signes de fatigue ou semble se désintéresser du jeu, accorde-lui une petite récréation, puis répète la séquence à l'autre main. Après, tu pourras travailler d'autres exercices et lui apprendre de nouvelles figures : en travaillant progressivement, tu peux obtenir beaucoup de choses de ton cheval en liberté. Mais n'oublie pas, c'est une détente !

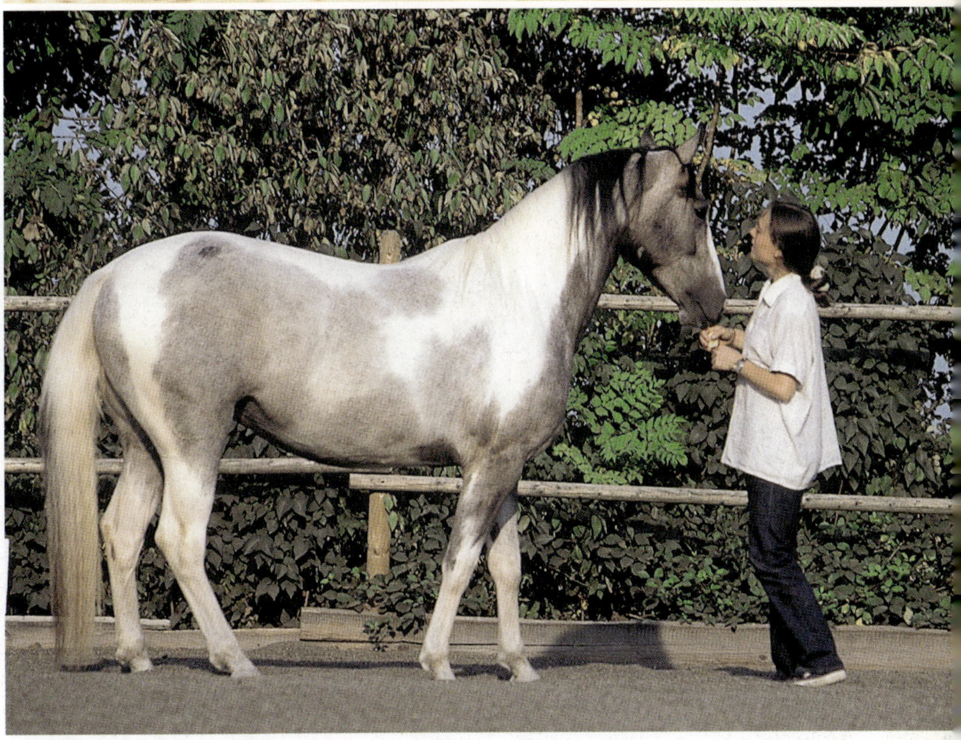

L'ORDRE VOCAL DE L'ARRÊT
Place-toi face à ton cheval et arrête-le. Il doit maintenir l'arrêt et rester immobile.

À faire	À éviter
▸LUI METTRE DES PROTECTIONS Si ton cheval ou ton poney est ferré, il est toujours préférable de lui mettre des protections aux membres (guêtres, protège-boulets, cloches…) avant une séance de détente en longe ou en liberté.	**▸LE LÂCHER SANS L'ÉCHAUFFER** Ne lâche pas ton cheval dès sa sortie du box : après de longues heures d'immobilité, il se livrerait à des explosions de joie à froid, mettant à rude épreuve ses muscles, ses tendons et ses articulations.

Bien utiliser la chambrière

La chambrière sert à éduquer le cheval, pas à le dompter. Tu ne dois pas te livrer à de grands claquements de mèche, mais l'utiliser avec subtilité. Ainsi, ta monture apprendra à répondre au plus petit déplacement du manche.

VERS LA TÊTE
Ici, la chambrière, dirigée vers la tête du cheval, l'incite à s'éloigner et à tendre sa longe.

Attention, danger !

Pas de punition avec la chambrière

Ne corrige pas ton cheval avec la chambrière. Elle cingle sévèrement et, étant donné la longueur du manche, le moindre geste brutal inflige une punition très rude. Elle ne serait alors plus perçue par ta monture comme un outil decommunication éveillant l'attention, mais comme un objet de crainte.

VERS LES FESSES
La chambrière est ramenée rapidement vers les fesses du cheval, la mèche vole… Il lui faut se porter en avant vivement.

Un cheval jeune, encore un peu fou, doit apprendre à respecter son longeur et les indications de celui-ci pendant le travail à pied. Pour cela, la chambrière est un bon outil de communication. À condition de l'employer de façon cohérente ! En faisant preuve d'autorité et de finesse.

Comment la tenir ?

Depuis le centre d'un cercle de 6 à 9 mètres, saisis la longe d'une main, la chambrière de l'autre. Si ton cheval marche à main gauche, la longe est dans ta main gauche, la chambrière et le flot dans ta main droite (et inversement, si ton cheval marche à main droite). Quand la chambrière est au repos, le mieux est de prendre l'extrémité du manche entre ton pouce et ton index, le manche reposant sur ton avant-bras et dirigé vers l'arrière. Le flot de longe est alors tenu dans les trois doigts restants, majeur, annulaire et auriculaire. Si la chambrière doit entrer en action, ton pouce fait tourner et basculer le manche pour le ramener vers l'avant ; la mèche passe au-dessus de ta tête. Lorsque tu veux suggérer quelque chose à ton cheval, sans entrer en action de façon précise, tu peux garder la chambrière et le flot dans la même main. Mais pour pouvoir agir plus librement, tu dois faire repasser le flot de longe dans la main de longe, saisir la chambrière en chandelier et l'orienter selon les indications que tu veux donner.

La chambrière, mode d'emploi

La chambrière s'adresse avant tout à la vue de ton cheval. Il la perçoit comme un prolongement de ton corps. Dans cette mesure, utilise-la en la faisant circuler parallèlement au sol, à peu près à hauteur des jarrets de ton compagnon. Tu veux l'inciter à se porter en avant ? Dirige-la vers la croupe. À pousser son arrière-main ? Dirige-la vers les hanches. Vers l'épaule, elle sollicite l'incurvation. Vers la tête, elle demande au cheval de tendre sa longe, d'élargir le cercle. En avant de la tête, elle le ralentit ou l'arrête. Pour renforcer un ordre ou réveiller une attention un peu somnolente, il te suffit de lever la chambrière un peu plus haut, jusqu'à ses hanches. La chambrière peut aussi s'adresser à l'ouïe de ton cheval : de petits claquements de la mèche le réveillent, stimulent son impulsion, des sifflements le corrigent s'il n'obéit pas. Enfin, la chambrière te permet de communiquer avec ton cheval par le toucher : pose-la contre son épaule, son flanc ou sa hanche, cela l'incite à se déplacer latéralement, à s'incurver. Tapote-le en douceur sous les jarrets, cela favorise l'engagement.

Trucs & astuces

▸ENTRAÎNE-TOI… SANS CHEVAL
Lorsque tu aborderas les changements de main, tu devras être capable de faire passer facilement la chambrière d'une main à l'autre, en inversant tenue de longe et tenue de chambrière, d'un geste qui n'agite pas la mèche de cette dernière. Un truc : entraîne-toi d'abord sans cheval… ou alors avec un animal très placide.

Travailler l'arrêt en liberté

Réussir à faire arrêter ton cheval alors qu'il est en liberté est un apprentissage important. Il a des répercussions très positives sur l'ensemble de son dressage. À toi de jouer ! Surtout, fais preuve de patience et récompense chaque progrès.

REVOIR D'ABORD LES TRANSITIONS
Avant d'aborder l'arrêt en liberté, travaille les différentes transitions avec des indications vocales.

Enseigner l'arrêt en liberté, c'est apprendre l'obéissance à ton compagnon, le rendre capable de stopper sans y être contraint par les aides. Un point fondamental, qui te facilitera beaucoup les choses une fois que tu seras sur son dos ! Et aussi une garantie de sécurité. Le cheval en liberté est parfaitement capable de s'arrêter presque instantanément depuis une allure vive. Parce qu'il l'a décidé, il reporte vigoureusement son poids vers l'arrière, en engageant fortement ses postérieurs sous lui et en redressant la base de l'encolure, la tête étant partiellement ramenée. C'est exactement ce que tu dois rechercher en dressage.

Entraîne-toi dans un rond de longe

L'idéal est de travailler dans un rond de longe. Si tu ne disposes que d'un manège

Zoom comportement

Une patience réduite

Une fois arrêté, immobile sur la piste, ton cheval ne reste pas tranquille longtemps. Sa patience est réduite, surtout dans les premiers temps. S'il fait aussitôt mine de repartir en avant ou de revenir vers toi, interromps-le d'un « Non ! » sec en levant éventuellement le bras vers son épaule pour le maintenir à sa place. Mais ne prolonge pas son immobilité, n'abuse pas de sa patience !

relativement grand, tu as intérêt à le couper en deux à l'aide de barres ou de barrières. Commence par détendre ton cheval, soit en liberté, soit en longe. Puis, procède à une petite révision des transitions et de l'arrêt en longe. N'oublie pas de récompenser chaque arrêt. À présent, lâche le cheval et éloigne-toi de quelques pas. Lève alors la main qui tient la longe pour inciter ton élève à aller vers la piste, puis pousse-le au trot. Laisse-le trotter jusqu'à ce qu'il fasse mine de ralentir, puis pousse-le encore un peu : il commence à avoir envie de s'arrêter.

Demande l'arrêt

Demande alors l'arrêt de la voix, tout en avançant vers la tête du cheval comme pour lui couper la route. Si nécessaire, lève la main. Dans certains cas, il faut utiliser la chambrière en avant de ta monture, pour lui barrer la route de façon explicite. Dès l'instant où tu as demandé l'arrêt, tu dois l'obtenir. Si le cheval refuse de s'arrêter et t'évite, tu dois le relancer en avant fermement et l'obliger à continuer à se porter en avant quand il montre des signes de lassitude, jusqu'à ce que son envie de s'arrêter soit manifeste.

N'oublie pas de le féliciter

Dès que l'arrêt est obtenu, félicite ton compagnon de la voix et laisse-le profiter paisiblement de l'immobilité avant de le remettre en avant sur la piste. Pour finir, redemande un arrêt et, cette fois, dirige-toi vers l'épaule du cheval tout en le félicitant et en le caressant généreusement. La première fois, il convient d'arrêter la séance sur ce bon moment. Par la suite, accrois tes exigences ; demande des arrêts plus nombreux et plus rapprochés, de plus en plus nets, depuis le trot et le galop.

OBTENIR L'ARRÊT
Pour les chuchoteurs (ici B. J. Gentili), le travail en liberté est fondamental. Obtenir l'arrêt et l'immobilité est un des fondements de l'éducation.

Trucs & astuces

▸ UTILISER UN MOT "MAGIQUE"
En équitation western, l'arrêt en liberté est considéré comme la véritable clé de voûte du dressage. Grâce à lui, les cavaliers pilent depuis le galop, en quelques mètres, réalisant le fameux sliding stop. Pour travailler l'arrêt en liberté, les Américains utilisent une simple indication vocale, sorte de mot "magique" : « Woâ ! ». Le cheval y est très sensible et, lorsqu'il l'entend, il s'arrête instantanément. À toi de trouver aussi un mot spécial pour arrêter ton compagnon.

Travailler aux longues rênes

Les longues rênes ont de nombreux avantages. Elles sont une véritable panacée pour faire progresser rapidement un cheval, ou remettre aux ordres un animal délicat. Mais elles sont aussi très contraignantes et nécessitent de l'expérience.

UTILISE D'ABORD LA LONGE, AUX DEUX MAINS
Habitue d'abord ton cheval à travailler aux deux mains avec la longe fixée sur un anneau latéral du caveçon.

Le travail à pied présente de gros avantages sur le travail monté. À pied, évidemment, tu es beaucoup plus sûr(e) de toi. Tu maîtrises mieux ton équilibre, tes gestes. En conséquence, ton autorité est à la fois plus posée et plus affirmée. Tu gardes plus facilement ton calme. Tu vois le cheval se déplacer et tu mesures mieux l'effet de tes actions. Tu juges aussi plus aisément le niveau d'attention de ton élève, sa fatigue, son attitude, la qualité de ses allures, etc. Bref, en travaillant à pied, tu prends avec plus de précision la mesure du travail effectué.

Un meilleur contrôle qu'avec la longe

L'inconvénient du travail à pied, c'est la difficulté d'encadrer et de contrôler le cheval, ainsi que d'agir avec précision sur le mors. Les longues rênes vont justement te permettre d'aborder un travail mieux contrôlé qu'avec la longe. Grâce à elles, on peut reproduire, plus facilement qu'en longe, un certain nombre d'actions de mains que le cheval retrouvera lorsqu'il sera monté : cession longitudinale, cession latérale, flexion, etc.
Les longues rênes

ont de surcroît l'avantage de bien encadrer l'animal, de canaliser son énergie et de permettre un vrai contrôle de son incurvation, de ses hanches, de ses déplacements latéraux, de son engagement, etc. Elles permettent en outre d'aborder aisément les exercices nouveaux.

Au travail !

Pour travailler aux longues rênes, tu as besoin d'une paire de longues rênes ou de deux longes de 6-8 m, munies d'un mousqueton de fixation; d'un surfaix équipé de clés latérales ; d'un caveçon (pour débuter). Aborde l'exercice en fixant les rênes sur le caveçon. Lors des premières séances, fais-toi aider par une personne qui tient le cheval en longe afin de contrôler les réactions de ce dernier à la sensation, nouvelle pour lui, des longues rênes sur ses flancs et sa croupe. Travaille au pas. Lorsque ton élève accepte ces nouveautés, le longeur peut se retirer. Quand le cheval répond correctement aux aides et qu'il est bien accoutumé à ce type d'exercice, tu peux fixer les rênes sur les anneaux du filet. À toi d'estimer ensuite à quel moment ton compagnon est prêt à aborder les différentes allures. Tu te rendras vite compte que même si tu n'as pas d'ambitions très élevées, le travail aux longues rênes est une excellente façon de comprendre et de régler certains problèmes que tu rencontres sur le plat. Et puis, c'est amusant (et sportif !) de se déplacer, à pied, derrière son cheval !

FAMILIARISE TON CHEVAL AUX LONGUES RÊNES
En te faisant aider, familiarise ton cheval à la sensation des longues rênes sur ses flancs et sa croupe, et à la présence du dresseur derrière lui.

Attention danger !

Le cheval peut s'échapper

Quand on travaille aux longues rênes, il faut se souvenir que le cheval dispose d'une force formidable, et qu'il est rapide. En partant à vive allure, il lui est facile de t'échapper si tu es derrière lui ! Travaille dans un rond de longe, en restant en position latérale, l'une des rênes passant au-dessus des jarrets de l'animal. En résistant sur la rêne intérieure, tu peux ainsi contrôler un déplacement intempestif. Ce n'est que lorsque ton élève est bien aux ordres que tu pourras te placer derrière lui.

À faire

▸ **TRAVAILLER SANS FORCER**
Le travail aux longues rênes est très contraignant. Accorde à ton cheval des récréations, qui lui permettront de se décontracter. Tu dois aussi veiller à ce que les séances ne soient pas trop longues : une dizaine de minutes les premières fois, une vingtaine ensuite.

À éviter

▸ **COMMENCER TROP TÔT**
Les longues rênes sont surtout bénéfiques une fois que le cheval est sur la main et sait répondre aux aides. Avant de commencer, procède à une éducation de base en main, et en longe : il doit obéir à la voix et être sensible à tes déplacements, auxquels il répond de façon positive.

Débourrage : le premier monté

Monter un poulain pour la première fois est un grand événement ! L'animal doit être suffisamment préparé pour n'éprouver aucune émotion désagréable et se laisser faire. La démonstration faite ici se déroule sur plusieurs séances.

Question / Réponse

Le débourrage est-il dangereux ?

Autrefois, la première séance de débourrage tournait souvent au rodéo. Mais, aujourd'hui, on pratique le dressage "éthologique" (science du comportement des animaux), en tenant compte de la nature du cheval et de ses réactions.

1. Lui présenter la selle

Pour le jeune cheval, la selle est un objet inconnu. Elle possède une odeur forte et de nombreux éléments qui grincent ou qui cliquettent. Il faut donc le laisser se familiariser avec elle. Pose la selle et son tapis à terre, dans le paddock, et amène le poulain à proximité. Il doit pouvoir la flairer, la pousser du nez. Lorsqu'il s'en désintéresse, c'est qu'il s'y est habitué.

2. Mettre le tapis et la selle

L'étape suivante consiste à habituer le cheval au contact du tapis, puis de la selle. Prends le tapis et approche-le de son épaule, de son flanc, de sa croupe... il risque de tressaillir au début. Lorsqu'il se laisse "caresser" avec le tapis, place-le sur son dos. Puis, pose la selle par-dessus, en douceur. Utilise d'abord une vieille selle, car il pourrait la jeter à terre. Bouge-la sur son dos. S'il ne réagit pas, passe plusieurs fois ta main le long du passage de sangle, puis attrape la sangle et fixe-la sans serrer. Recommence plusieurs fois, à des moments différents.

3. Faire des gestes

Lorsque le cheval accepte complètement la selle, passe à l'étape suivante. Il faut être deux. Tandis qu'une personne tient le cheval par le licol, colle-toi contre son flanc gauche. Tapote la selle, caresse le poulain de part et d'autre avec des gestes francs et marqués, déplace les étriers. Petit à petit, fais des gestes de plus en plus larges. Agite les mains au-dessus de la selle.

4. L'habituer à ton poids

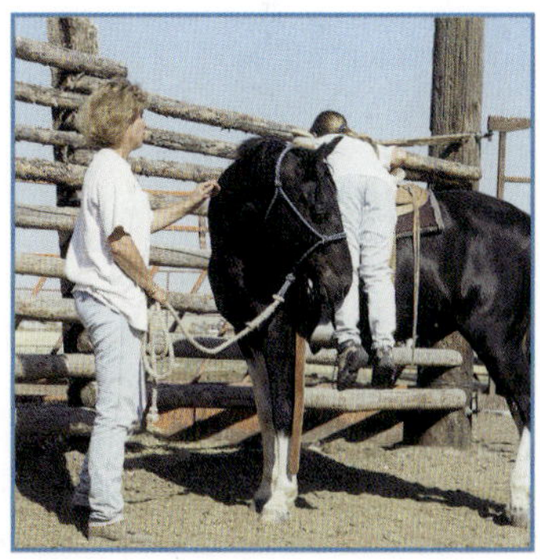

Lorsque le poulain ne réagit plus, fais-toi aider et pose-toi en travers de la selle, comme un sac. Ensuite, recommence à manipuler les étriers et à agiter les bras. Le cheval s'habitue progressivement à ton poids et aux mouvements qu'il perçoit sur son dos. Laisse-le renifler tes jambes et tes bras. Dès qu'il est calme et confiant, la personne qui tient le licol lui fait faire quelques pas avec sa charge. À la moindre alerte, glisse à terre.

5. Monter

Tu vas maintenant te mettre vraiment en selle. C'est l'un des moments les plus effrayants pour le poulain, car il voit soudain le buste du cavalier se dresser sur son dos. Afin de ne pas faire de gestes brusques, demande qu'on t'aide à passer la jambe par-dessus la croupe. Puis redresse très doucement le buste, tout en parlant au cheval d'une voix apaisante. Redescends aussitôt et félicite la monture. Interromps le travail et reprends-le lors d'une autre séance, où la personne qui le tient le fera marcher dans le paddock.

Débourrage : bien diriger mon poulain

Une fois que le poulain a accepté l'idée que l'on puisse lui monter dessus, il faut lui inculquer les éléments de base de son éducation de cheval monté : en avant, stop, on tourne !

Avant de monter, procède à un bref échauffement en longe. Cela te donnera l'occasion de faire "réviser" à ton poulain les ordres à la voix, qui te seront très utiles quand tu seras sur son dos. Amène ton élève sur la piste du rond de longe, puis éloigne-toi et donne-lui l'ordre de marcher. Poursuis la détente avec quelques tours au trot. Demande plusieurs transitions et quelques arrêts en utilisant la voix. Félicite-le et caresse-le. Ramène le poulain au box, harnache-le avec une selle, un filet et un caveçon, et rendez-vous dans la carrière ou au manège. Tu dois te faire aider pour la suite du travail.

L'AIDE D'UN LONGEUR
Le longeur aide le cheval à comprendre tes ordres. Sa présence est indispensable au début.

Zoom comportement

Une concentration limitée

Un jeune cheval a une capacité d'attention très réduite, qui n'est pas comparable à celle d'un adulte. Après 8 à 10 minutes de travail, il "décroche", se désintéresse de ce que vous faites, n'obéit plus aux aides. Ne te fâche pas, ne cherche pas à l'obliger à continuer : ce comportement est normal pour son âge et, en insistant, tu risquerais de le dégoûter.

BTENIR L'IMMOBILITÉ
on cheval doit rester tranquille
endant que le longeur attache
 longe au caveçon. C'est pour lui
n effort, encourage-le d'une caresse.

TRAVAILLER SANS LONGE
Une fois que le cheval répond
à tes aides, retire la longe,
et en avant, seuls sur la piste !

La marche et l'arrêt

Attache la longe au caveçon. La personne qui t'aide tient le poulain pendant que tu montes, puis elle le mène à la longe sur la piste. Ensuite, le poulain doit rester arrêté. Le longeur s'éloigne. Donne l'ordre d'avancer et, en même temps, ferme tes jambes pour exercer une nette pression du mollet. Si besoin est, le longeur encourage le mouvement en avant. Dès que ton élève se porte en avant, caresse-le. Surtout, ne garde pas tes jambes serrées une fois qu'il marche. En inclinant légèrement ton buste en arrière, dis « Oooh ! » – ou le terme que tu as choisi pour arrêter ton poulain – en fermant les doigts sur les rênes pour exercer une tension franche, explicite. Le longeur se déplace vers l'avant-main pour souligner ton ordre. Dès que ton cheval s'arrête, rends les rênes et félicite abondamment. Recommence la mise en marche et l'arrêt deux ou trois fois.

La direction

Essaie ensuite de faire comprendre à ton poulain le principe de la direction : écarte la main droite pour tourner à droite, en rendant franchement la rêne gauche. Incite-le à se porter en avant afin qu'il ne s'arrête pas. Le longeur encourage le mouvement en se déplaçant dans la bonne direction. Recommence deux ou trois fois, puis accorde une récréation. Si tu as le sentiment que ton cheval a compris ce que tu attendais de lui, la longe peut être retirée. Le longeur restant près de la tête de ta monture, marche sur la piste et redemande quelques départs et quelques arrêts. Tourne ensuite pour décrire un grand cercle à chaque main.

Pendant tout ce travail, le longeur évite d'intervenir mais reste à hauteur de l'épaule de l'animal, prêt à le canaliser si nécessaire. Enfin, n'abuse pas de la patience de ton poulain : toutes ces nouveautés l'intéressent, mais elles le fatiguent !

Attention, danger !

Ne fais pas travailler un poulain trop jeune !

Cette leçon concerne un poulain déjà familiarisé avec le filet et la selle, qui accepte d'être monté et qui a déjà travaillé suffisamment en longe pour obéir aux principaux ordres donnés à la voix. Ne l'applique pas à un tout jeune cheval qui ne serait pas assez éduqué, sinon il entrera en défense et tu te retrouveras par terre !

POUR ALLER PLUS LOIN : SAUT D'OBSTACLE

Les obstacles larges

Les obstacles larges ne sont pas les plus difficiles à sauter, à condition qu'ils ne soient pas trop hauts ! Pour éviter les fautes, il faut de l'impulsion, un peu de technique et un bon entraînement.

1. Qu'est-ce qu'un obstacle large ?

Un obstacle large présente, outre le plan vertical, un plan horizontal. La plupart des "larges" appartiennent à la famille des oxers : oxer montant, oxer carré (comme ci-contre), oxer polonais, etc. Le bidet est également un large. Le spa et la rivière sont des obstacles larges au sens propre, mais on les classe plutôt, d'un point de vue technique, dans la catégorie des obstacles de volée.

2. Une impulsion franche

Les obstacles larges sont en général moins techniques que les obstacles verticaux, en particulier lorsqu'ils sont montants. Ils ne posent pas les mêmes problèmes d'équilibre qu'un vertical, et testent surtout la franchise et l'impulsion du cheval. Aborde-les dans une impulsion franche et une cadence soutenue, avec des jambes actives qui maintiennent le cheval bien devant toi.

3. Attention à la battue d'appel !

Un cheval qui part de trop loin sur un obstacle large (comme ci-contre) a ensuite beaucoup de mal à en couvrir sa largeur. Il risque de "se faire peur" et de perdre de sa franchise. Pour un oxer, tu dois prendre ta battue d'appel à une distance égale à la hauteur de l'obstacle, plus la moitié de sa largeur : pour un oxer de 1 m x 1 m, par exemple, l'appel se prend à 1,50 m du pied.

4. L'oxer carré

L'oxer carré présente des difficultés techniques particulières. Les deux dernières barres du haut sont à la même hauteur ; la trajectoire du saut doit donc arriver à son point le plus haut au centre de ces deux barres. Ton cheval doit d'abord monter fortement ses épaules. Il doit ensuite s'étendre pour couvrir la largeur. Ne le laisse pas se rapprocher trop du pied – sinon, il fait une faute sur le premier plan – ni partir trop grand, car alors il ne peut plus couvrir la largeur.

Question / Réponse

Comment aborder un oxer polonais ?

Fait de deux plans en biais et asymétriques, cet oxer impressionne souvent les chevaux, qui ont du mal à ajuster leur trajectoire. Aborde-le comme un oxer carré, au centre. Amène ton cheval bien droit et avec beaucoup d'impulsion, car les refus ne sont pas rares.

Les obstacles verticaux

Les obstacles verticaux présentent de sérieuses difficultés, surtout quand ils viennent à peu de distance d'un autre obstacle. En effet, ils demandent à la fois beaucoup d'impulsion et une vitesse décroissante.

LEXIQUE

- **Le stationata :** Il s'agit de barres toutes placées sur le même plan. Le pied est souvent plein, ce qui aide le cheval à bien voir l'appel et à placer sa battue.
- **Les palanques :** Ce sont des planches de bois assez massives, la première étant souvent posée assez haut au-dessus du sol. Elles sont souvent à l'origine de fautes, les chevaux ayant tendance à hésiter.
- **La barrière :** Blanche et légère, la barrière est souvent peu étoffée et incite peu les chevaux au respect.

1. Qu'est-ce qu'un vertical ?

Un vertical, ou droit, est un obstacle dont les différents éléments se situent tous dans un même plan vertical. C'est le cas des *stationatas*, comme ci-contre, des *palanques*, de la *barrière*... Un vertical ne présente pas de largeur et, dans la plupart des cas, n'est pas appelé. C'est en partie ce qui fait sa difficulté, car le cheval place d'autant plus difficilement sa battue qu'il a du mal à repérer le pied de l'obstacle.

2. Reprendre dans les dernières foulées

Il faut se présenter avec une certaine vitesse dans les 6 ou 8 foulées qui précèdent l'appel, puis reprendre dans les dernières foulées en "recueillant" l'impulsion donnée. Les mains doivent agir et céder en alternance, l'assiette et les jambes favorisant l'engagement des postérieurs sous la masse.

3. Bien placer sa battue

Le cheval doit placer sa battue avec précision afin de pouvoir monter fortement ses épaules, puis de bien basculer son dos au-dessus des barres. Le point d'appel idéal se situe à une distance équivalant à la hauteur de l'obstacle : 1 m si le vertical mesure 1 m.

4. Inciter le cheval à se redresser

Des foulées décroissantes incitent le cheval à se redresser et à engager ses postérieurs sous la masse, reportant le plus de poids possible sur son arrière-main. Cela lui permet de bien monter ses épaules et de passer ses antérieurs sans commettre de faute.

5. Pas d'action brutale

Une reprise progressive avec un cheval un peu tendu donne de meilleurs résultats qu'une reprise brutale, qui risque de briser l'impulsion et d'inciter le cheval à passer au-dessus de la main en creusant son dos.

Franchir la rivière

En CSO (concours de saut d'obstacle), la rivière est délicate à passer car sa largeur impressionne les chevaux. Bien des cavaliers s'y présentent avec appréhension et les fautes y sont très fréquentes. Voici comment l'aborder.

LEXIQUE

- **Bidet :** Simple "pataugeoire" en plastique contenant une mince couche d'eau et surmonté d'un obstacle ; les véritables rivières, plus larges ne se trouvent que sur les terrains de CSO les plus prestigieux.

1. L'habituer à l'eau

Pour aborder la rivière ou le bidet avec franchise, ton cheval doit tout d'abord être bien habitué à l'eau. Pour cela, donne-lui de nombreuses occasions de passer des gués et de traverser des flaques, d'abord au pas, puis au trot et au galop. Laisse-le aussi patauger et s'amuser dans l'eau : plus il y est à l'aise, moins il montrera d'appréhension.

2. Prendre de la vitesse

En saut d'obstacle, pour bien couvrir la largeur de la rivière, le cheval a besoin d'une certaine vitesse, qu'il faut lui laisser prendre un peu à l'avance. À trois ou quatre foulées de l'obstacle, pose les mains et maintiens des jambes présentes, pour inciter ta monture à attaquer progressivement, dans l'impulsion, mais sans précipitation.

3. Rester en suspension

Tu ne dois pas "monter" fortement en te rasseyant dans la selle et en poussant de façon marquée avec l'assiette et les jambes, car cela risque d'inciter ta monture à "partir grand". Dans ce cas, couvrir la largeur devient difficile et le risque de faute des postérieurs est important. Reste en suspension, près de la selle, et encadre ton cheval en gardant un contact léger.

4. Déplacer le regard, sauter

Dans les dernières foulées, déplace ton regard du pied de l'obstacle vers un point situé bien au-delà. Ne cherche pas à régler ton cheval, laisse-le se rapprocher et ajuster sa battue de lui-même. Naturellement, il va s'étendre, se "mettre à plat" et franchir l'obstacle.

5. Bien négocier l'obstacle suivant

Sauter l'obstacle qui suit immédiatement la rivière est également difficile : un oxer montant n'est pas trop technique, mais un droit à quelques foulées nécessite une nette modification dans l'attitude et l'équilibre du cheval. Plutôt que de reprendre brutalement à la réception en demandant une transition marquée, profite de l'impulsion donnée par la rivière et reprends progressivement. Amène ta monture à se redresser entre les mains et les jambes en engageant fortement ses postérieurs.

Franchir le mur

C'est sur un mur que le célèbre cheval Tancarville battit le record de saut en hauteur : 2,47 m ! Cet obstacle se prête bien à une trajectoire élevée, mais il demande un cheval très franc.

Question / Réponse

Le mur est-il un obstacle difficile ?

On peut considérer qu'il est en réalité un peu plus facile à sauter qu'un obstacle droit ordinaire. Son aspect massif impressionnant beaucoup le cheval, celui-ci fait très attention et a tendance à se rééquilibrer de lui-même.

1. Habituer progressivement le cheval

À cause de son apparence massive et de son opacité, le mur apparaît plus haut qu'il n'est, et impressionne beaucoup le cheval. Si ta monture est jeune, inexpérimentée, elle risque de marquer une hésitation nette, ou de refuser de sauter. Commence plutôt par un mur de petite taille et si possible surmonté d'une barre, afin de lui donner une apparence plus anodine. Ensuite retire la barre, puis augmente progressivement hauteur .

2. Maîtriser sa propre appréhension

Si tu éprouves toi-même de l'appréhension face au mur, essaie de la maîtriser, car ton cheval sentirait ton inquiétude. Pour cela, dis-toi qu'il s'agit d'obstacles en général peu risqués. En cas de choc, le mur, démontable, se défait par petits morceaux, ce qui est moins dangereux que des barres qui tombent.

3. Prendre l'appel

Arrive sur le mur avec un cheval bien équilibré, cadencé, légèrement tendu, sans vitesse excessive, son poids se reportant fortement sur les hanches dans les derniers mètres. Prends ton appel à une distance du pied égale à la hauteur de l'obstacle. Par exemple, pour un mur de 1,20 m, l'appel se prendra à 1,20 m du pied de l'obstacle.

4. Monter l'avant-main

Ton cheval doit alors se redresser et engager fortement ses postérieurs. Toute son impulsion doit se traduire vers le haut, pour lui permettre de monter son avant-main dans un mouvement franchement vertical.

5. Passer l'arrière-main

Ton cheval s'"enroule" ensuite autour du mur, au sommet de sa trajectoire, et passe l'arrière-main. Cependant, cet obstacle étant plus large et plus rond que les autres verticaux, et comportant parfois un côté légèrement montant, il est parfois possible d'arrondir le saut et d'avoir une trajectoire moins verticale.

Sauter en cross

Un obstacle de cross "arrive" très vite et ne laisse guère le temps de réfléchir ou de régler son cheval. Tu dois donc t'être préparé(e) avec beaucoup de soin à cette épreuve où les erreurs ne pardonnent guère.

Question / Réponse

Le cheval de cross est-il différent de celui de CSO ?

Un cheval de cross doit être rapide, donc léger : c'est un bon sauteur, mais son coup de saut ne peut se mesurer à celui du puissant cheval de CSO. Il n'a pas non plus forcément un style impeccable. Ce qu'on lui demande ? Vitesse, endurance, agilité, ressort et… du courage !

1. Du souffle

En cross, tu dois maintenir ton cheval dans un train rapide d'un bout à l'autre du parcours, et éviter de briser la cadence lors des sauts. Les obstacles se franchissent donc à une allure plus rapide que les obstacles de CSO. Il faut pour cela que ton cheval ait bénéficié d'une excellente préparation physique et d'un bon entraînement. Tu dois toi-même posséder la musculature et le souffle nécessaires, ainsi qu'une certaine assurance, pour accompagner parfaitement ta monture dans ses efforts sur tout le parcours.

2. De la souplesse

Pour pouvoir encaisser les sauts et les variations du terrain, tu dois laisser tes articulations (chevilles, genoux, bassin) jouer souplement. La position est à peu près la même qu'en CSO, mais il faut rester un peu plus près de la selle. Tu chausses en général un peu plus court, et la flexion des articulations, notamment du bassin, est plus marquée.

3. Regarder loin devant

Regarder les barres en sautant est une erreur fréquente qui déséquilibre le cheval et le cavalier. En concours hippique, cela coûte souvent une barre. En cross, cela peut coûter une chute puisque les obstacles sont fixes ! Du cœur et de l'allant : regarde loin devant toi, vers la suite du parcours.

4. Ne pas se laisser impressionner

Les obstacles de cross, rarement très élevés ou très larges, ne sont en général pas difficiles, mais ils sont impressionnants. Tu dois donc faire preuve de courage, car la peur, comme l'illustre cette photo, est mauvaise conseillère. Elle génère une faute assez commune : le cavalier, figé par l'appréhension, reste en arrière du saut. Il gêne le cheval dans sa bouche et dans son dos. Lorsque tu es ainsi en retard sur le cheval, laisse filer les rênes afin qu'il conserve la liberté de son encolure.

5. Rééquilibrer le cheval

Avec la vitesse, et si le terrain est en pente, ton cheval a tendance à se mettre sur les épaules. Tu dois donc le rééquilibrer dans les tournants et avant d'aborder l'obstacle, à plusieurs foulées de l'appel. Les tournants doivent être pris sur le bon pied. Demande éventuellement un changement de pied si ton cheval ne le fait pas lui-même.

Sauter les obstacles de cross

Les obstacles de cross sont multiples et méritent d'être étudiés chacun en détail. Tu dois les aborder différemment selon leur configuration, mais aussi selon leur place sur le parcours.

Question / Réponse

Les fossés sont-ils difficiles à sauter ?

Les fossés et les trous sont impressionnants, pour le cavalier comme pour le cheval. Mais ils sont généralement peu larges et faciles à sauter. Contrairement à ce que l'on pourrait croire, un fossé placé devant l'obstacle aide le cheval à prendre sa battue. Lorsque le fossé est placé derrière, ne laisse pas ta monture ralentir : un saut dans la foulée lui permettra de bien couvrir la largeur – sans hésiter !

1. Des sauts variés

Les obstacles de cross sont déjà très variés en eux-mêmes, mais cette diversité est encore augmentée par divers paramètres. Un même obstacle ne se saute pas de la même façon sur le plat et en descente, sur un terrain sablonneux ou boueux, en plaine ou en forêt, en début ou en fin de parcours. Ainsi, chaque saut a sa technique. Ici, une simple barre en A, qui peut réserver bien des surprises si c'est le premier obstacle du cross. Gare aux refus !

2. Beaucoup s'entraîner

Pour bien sauter en cross, tu dois beaucoup t'entraîner et participer à de nombreux concours, car ils te donneront l'occasion de rencontrer toutes sortes d'obstacles dans des circonstances diverses. Tu dois néanmoins avoir des connaissances techniques. Apprends à reconnaître les différentes familles d'obstacles et à identifier ce qui, au-delà de leur apparence plus ou moins impressionnante, fait leur difficulté.

3. Privilégier l'impulsion

Le contre-haut et les obstacles en montée demandent une forte impulsion, pour que le cheval soulève son arrière-main. À l'abord, maintiens la nuque de ta monture assez haute et favorise un l'appel près de l'obstacle, car la réception des antérieurs doit laisser suffisamment de place pour que les postérieurs puissent se poser.

4. Privilégier la direction

Les obstacles en pointe, ou parcs à moutons, doivent être franchis en un point précis et favorisent la direction. Tu dois rester près de la selle et garder le cheval tendu, canalisé dans le couloir des aides. Lors de la reconnaissance, choisis un repère au loin qui t'aidera à conserver la bonne direction en abordant l'obstacle.

5. Privilégier l'équilibre

Dans le gué, le contrebas et les obstacles situés dans une descente, l'abord se fait à vitesse réduite, au trot s'il le faut. Le cheval a besoin à tout prix d'être équilibré, surtout au moment de la réception. Le panoramique demande aussi de l'équilibre, mais peu de vitesse.

Bien protéger mon cheval à l'obstacle

Même pour une petite séance d'obstacle, ton cheval a besoin de guêtres. Une seule blessure, et il peut être immobilisé des semaines ! Voici tous les éléments pour lui choisir de bonnes protections, confortables et solides.

UNE DOUBLE PROTECTION
Ici, des bandes de travail soutiennent les tendons du cheval ; des guêtres les maintiennent en place et protègent des chocs.

Si ton cheval a de bons aplombs et qu'il est correctement ferré, il n'a pas toujours besoin d'avoir les jambes protégées lors du travail sur le plat. Mais, à l'obstacle, c'est différent. Il galope vite, tourne court et s'engage fortement au moment de l'appel. Fréquemment, il heurte son antérieur avec son postérieur au niveau du tendon ou du boulet.

Les antérieurs

Ces chocs peuvent provoquer des écorchures ou des blessures ouvertes, mais aussi des traumatismes internes plus ou moins graves dont tu ne t'apercevras pas forcément tout

Zoom technique

Absorber les chocs

Aujourd'hui, les progrès techniques sont tels que le cavalier d'obstacle peut disposer de guêtres faisant aussi office de "gaine" pour le tendon et absorbant l'onde de choc lors du contact du sabot avec le sol. On trouve également sur le marché des guêtres doublées d'un thermogel, qui épousent parfaitement la forme du canon et limitent l'effet des chocs.

TROUVE LA BONNE TAILLE
Les guêtres doivent êtres choisies en fonction de la longueur des canons de ton cheval.

de suite. Il peut aussi se cogner les antérieurs sur les barres d'obstacle ; ces coups douloureux risquent, dans certains cas, de causer des dégâts importants. Tu dois donc impérativement protéger ses antérieurs avec une bonne paire de guêtres.

Les postérieurs

Les postérieurs sont moins exposés que les antérieurs : du moins ne risquent-ils pas de se faire marcher dessus. En revanche, de nombreux chevaux se blessent la face interne des boulets en tournant court sur les parcours, en particulier s'ils portent des crampons. Tu peux donc aussi mettre des protège-boulets ou des guêtres postérieures à ton cheval, c'est plus sûr.

Choisir une bonne guêtre

Au rayon des guêtres, le choix est très étendu. Comment déterminer celles qu'il te faut ? Elles doivent tout d'abord aller parfaitement à ton cheval, le protéger efficacement, mais sans le gêner dans ses mouvements ni provoquer de frictions ou d'irritations. Choisis-les juste à la taille du canon ou du boulet de ta monture et vérifie qu'elles soient solides, avec une coque externe en cuir, en PVC ou en Néoprène. Elles doivent aussi être souples et bien découpées (une découpe anatomique, qui respecte les articulations, est essentielle). Veille enfin à leur rembourrage. La plupart des guêtres sont rembourrées de caoutchouc ou de Néoprène. Le mouton est moelleux quand il est neuf, mais il se tasse rapidement et perd de son confort à l'usage.

UN REMBOURRAGE EN MOUTON
Les guêtres doublées de mouton sont confortables, mais elles sont parfois un peu lourdes et ne vieillissent pas très bien.

Les glômes

En CSO, les chevaux ne portent pas toujours de cloches – systématiquement utilisées en cross. Pourtant, quel que soit le parcours d'obstacles, les *glômes* des antérieurs sont assez exposés lors de la battue, le cheval s'engageant fortement. En fonction de ton expérience, c'est à toi de juger si ta monture a besoin ou non de cloches. Si elle ne *forge* jamais, ce n'est pas indispensable. Mais, attention, n'oublie pas qu'il suffit que ton cheval se marche une fois dessus pour qu'il soit arrêté pendant des semaines !

LEXIQUE

- **Glômes :** Renflements cornés à l'arrière du sabot, qui relient la fourchette aux talons.
- **Forger :** Défaut d'un cheval dont le sabot postérieur vient heurter et blesser le talon de l'antérieur.

Attention, danger !

En cas de plaie ouverte

Une simple écorchure est nettoyée à l'eau et au savon, puis désinfectée avec précaution. Mais si ton cheval présente une blessure ouverte, il faut impérativement demander l'avis du vétérinaire.

Mettre et enlever des crampons

Les crampons sont des "antidérapants", qui se vissent dans les mortaises du fer. Ils dépassent de plusieurs millimètres et permettent au cheval de mieux "accrocher" le terrain.

Question / Réponse

Comment choisir ses crampons ?

Il existe plusieurs catégories de crampons. Sur des sols assez durs et glissants, type herbe sèche, choisis des crampons à tête ronde. En terrain boueux et profond, préfère des crampons à tête carrée. Enfin, sur la glace ou les sols gelés, les petits crampons à pointe de tungstène (métal extrêmement dur) sont préconisés.

1. Quand les utiliser ?

On utilise des crampons essentiellement en cross (ils sont parfois indispensables à l'entraînement) et en concours hippique. Lorsque le cheval se déplace à vive allure et prend des tournants en terrain boueux ou glissant, les crampons accrochent le sol et évitent ou limitent glissades et dérapages.

2. Le matériel

Il te faut :
- des crampons à tête ronde ou à tête carrée ;
- une clé à crampons avec tige de manœuvre amovible.

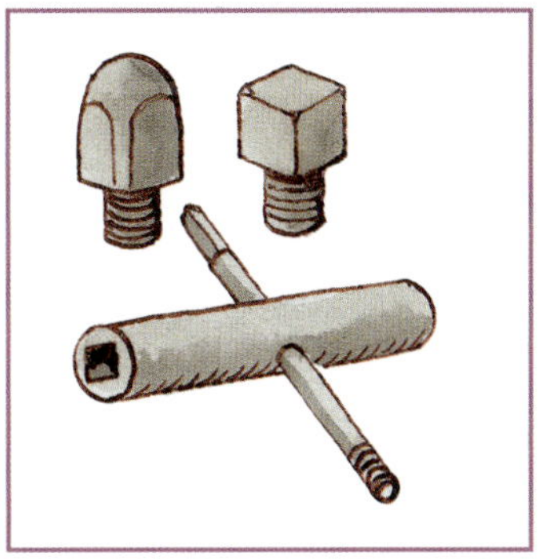

3. Nettoyer les mortaises

Il n'est pas facile de poser des crampons quand on est seul. Si possible, fais-toi aider par quelqu'un qui tiendra les pieds du cheval. Commence par nettoyer les mortaises à l'aide de la pointe de nettoyage, et retire tout ce qui s'y est accumulé.

4. Visser d'abord à la main

Glisse ensuite la tige amovible dans le trou, prévu à cet effet, de la clé à crampons. Prends un crampon et présente-le bien perpendiculairement au fer. Commence à visser doucement, à la main.

5. Visser ensuite avec la clé

A présent, visse le crampon à l'aide de la clé à crampons. Il faut serrer suffisamment pour que le crampon tienne bien en place, mais sans exagérer : cela risquerait de décoller le fer des talons.

6. Dévisser

Dès la fin de l'épreuve ou de l'entraînement, tu dois retirer les crampons. Dévisse-les à l'aide de la clé à crampons. Si tu souhaites réutiliser les mortaises le même jour ou dans les jours qui suivent, bourre-les avec un coton enduit de graisse ou bouche-les avec un bouchon spécial (en plastique, à tête plate).

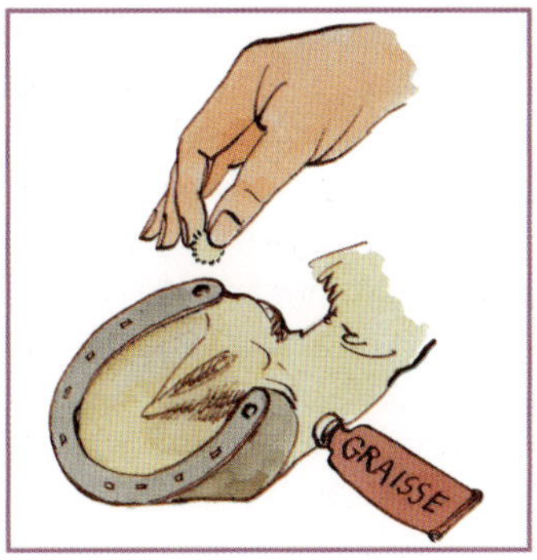

Choisir son cheval d'obstacle

Pour choisir le cheval qui t'emmènera sur les parcours de tes rêves, il y a plusieurs critères : la conformation, les allures, le coup de saut, le tempérament, les origines. Enfin, le coup d'œil d'un professionnel expérimenté ne pourra être que bénéfique !

Question / Réponse

Les origines sont-elles importantes ?

Oui. Si tu le peux, achète un cheval qui compte de nombreux champions dans sa famille. Les accouplements consanguins permettent évidemment de produire des frères et des cousins qui présentent de nombreux traits communs. Mais l'origine ne fait pas tout !

1. Faire son auto-examen

Si tu es déjà expérimenté(e) en CSO, tu peux te permettre d'acquérir un quatre ans prometteur sur la foi de ses origines. Si, au contraire, tu fais tes premières armes, préfère un cheval déjà rôdé qui te "promènera" sur le parcours. Commence donc par un auto-examen sans complaisance et résiste à la tentation d'acheter un cheval que tes capacités techniques ne te permettent pas de tirer parti.

2. Accorder les tempéraments du cheval et du cavalier

Côté tempérament, essaye de trouver un cheval dont le caractère s'accorde au tien. Si tu n'es pas encore très sûr(e) de toi à l'obstacle, il te faut une monture généreuse et franche, peu susceptible. Si tu as du cœur pour deux, tu peux te risquer à prendre un cheval un peu plus délicat, mais talentueux.

3. Reconnaître le bon modèle

Une fois que tu as défini tes moyens et tes besoins, il te reste à trouver le bon modèle. Il doit avoir une arrière-main puissante, des jarrets forts, un dos large et soutenu, un garrot plus haut que la croupe. L'avant-main doit permettre au cheval de "monter" facilement : une épaule oblique détermine l'amplitude et la liberté du geste ; une encolure bien attachée et bien orientée lui permet de s'arrondir et de s'étendre pendant le saut.

4. Examiner les allures

Un cheval d'obstacle n'a pas nécessairement besoin d'avoir des allures éblouissantes. Néanmoins, il doit se montrer léger, souple, délié et équilibré, capable de faire des foulées étendues : au pas, il doit se méjuger. Évite les chevaux aux allures étriquées, piquées ou traînantes. Surtout, recherche une parfaite régularité.

5. Juger le coup de saut

Tu dois d'abord observer ta future monture en liberté pour voir comment elle saute. Elle doit te faire penser à un félin qui se rassemble, se propulse et se déploie en s'arrondissant au-dessus de l'obstacle. Fais ensuite un essai monté. Tu dois avoir le sentiment que le cheval "monte" sous la selle pendant le saut, et qu'il se "déroule" au-dessus de l'obstacle.

DISCIPLINES ET JEUX

Le saut d'obstacle

Cette discipline spectaculaire, où le cavalier s'envole sur son cheval pour franchir les obstacles, est l'un des plus médiatisés. Que de frissons et d'émotions, pour les cavaliers comme pour ceux qui les regardent…

Promu sport olympique en 1912, donnant lieu chaque année à d'innombrables compétitions internationales, le concours de saut d'obstacles (CSO) est la discipline vedette de l'équitation. Le principe est très simple : franchir les obstacles les uns après les autres, selon un tracé donné, sans les renverser. Si le cheval fait tomber une

LA PHASE ASCENDANTE
Propulsés par ses postérieurs, le cheval décolle vers le haut en repliant ses antérieurs.

Les qualités requises

▸ DE L'ÉQUILIBRE ET DU CONTACT
La position du cavalier, en équilibre, est très importante. Il doit accompagner chaque phase du saut avec souplesse, sans jamais gêner le cheval dans son effort.

▸ DE LA PRÉCISION
Pour amener le cheval dans les meilleures conditions au moment de la battue d'appel, il faut doser l'impulsion avec précision.

barre, cela vaut une pénalité. S'il refuse de sauter un obstacle également. Et en cas du chute du cheval ou du cavalier, le couple est éliminé. S'il passe tous les obstacles, le cavalier obtient un sans-faute. Mais cela ne suffit pas pour gagner : s'il y a plusieurs sans-faute, les concurrents sont départagés soit par le chronomètre – c'est le plus rapide qui gagne – soit par un barrage, second parcours plus bref mais plus difficile et généralement chronométré.

LE REGARD DOIT ANTICIPER
Cette cavalière n'a pas fini de franchir l'obstacle que, déjà, elle regarde les barres suivantes pour s'y préparer...

Les principes de base

Dans tous les centres équestres, les jeunes cavaliers sont formés aux principes de base de l'obstacle : ils découvrent le mécanisme du saut et apprennent progressivement, par la théorie mais surtout par la pratique, comment bien accompagner le mouvement du cheval. Il y a ensuite toutes sortes de points techniques à aborder pour se perfectionner : entretenir l'impulsion, bien négocier les virages entre les sauts, aborder correctement l'obstacle, garder la bonne cadence, franchir des combinaisons d'obstacles, etc.

Des épreuves variées

En CSO, au-delà du classique parcours "Barème A", il existe des épreuves variées, comme le Derby (qui comprend des obstacles naturels comme une butte ou une rivière), le parcours à l'américaine (sous forme de relais) ou les épreuves des 6 barres (qui teste la puissance des chevaux). Les obstacles eux-mêmes sont très divers et leurs dimensions varient selon le niveau des compétitions. Dans la majorité des parcours internationaux, ils culminent à 1,70 mètre. Toutefois, le 5 février 1949, au Chili, un cheval dénommé Huaso franchit une barre de 2,47 mètres !

Les chevaux adaptés

Les chevaux de grande taille ne font pas forcément les meilleurs sauteurs : certains champions ne toisent pas plus de 1,55 m. Mais être grand est quand-même un atout, il suffit de regarder les gabarits des chevaux sur les terrains internationaux pour s'en convaincre !

▸ LE SELLE FRANÇAIS
Né en Normandie, ce cheval est l'un des fleurons de l'élevage français. Il réussit très bien à l'obstacle et la race figure très souvent sur les podiums des compétitions internationales, sous la selle de cavaliers français, mais aussi étrangers.

L'art du dressage

Le dressage est une discipline exigeante, où le cheval doit exécuter des figures imposées plus ou moins difficiles. Le cavalier et sa monture doivent être en parfaite harmonie.

Le dressage se pratique dans une carrière ou un manège. Le couple cheval-cavalier exécute une "reprise", c'est-à-dire un enchaînement précis de figures plus ou moins complexes selon le niveau de compétition. Le cheval doit se déplacer avec énergie et légèreté, dans des allures déliées et élastiques, ses mouvements donnant l'illusion de la facilité. De son côté, le cavalier doit faire parfaitement corps avec sa monture et

UN ART DIFFICILE
Le dressage impose au cheval des contraintes considérables et le travail doit être équilibré.

Les qualités requises

▸DE LA PATIENCE
En dressage, il ne faut pas brûler les étapes ! Mieux vaut progresser lentement… mais sûrement.

▸DE LA RIGUEUR ET DU TRAVAIL
Les figures doivent tendre vers la perfection. Le dressage ne tolère pas l'"à peu près" et exige beaucoup de travail.

▸DE LA RÉFLEXION
Parce qu'il exige beaucoup de sa monture, le cavalier de dressage doit sans cesse se remettre en question et veiller à préserver le moral de son cheval.

utiliser des aides discrètes et légères. Le couple semble décider à l'unisson et en parfaite harmonie des différents mouvements.

Quel rythme !

Les juges, assis dans la tribune, notent à la fois la réussite des figures et l'ensemble des qualités du cheval et du cavalier. L'obéissance est bien sûr importante, mais il faut aussi que le cheval ait de la personnalité, qu'il soit "brillant". Parmi les figures les plus spectaculaires, citons le passage – le cheval trotte en levant haut ses membres sur un rythme cadencé et très lent, comme s'il était monté sur ressort – mais aussi les changements de pied au temps au galop, les appuyers, la pirouette...

Une éducation progressive

Pour progresser en dressage, le cavalier doit respecter certains principes fondamentaux. Tout d'abord, être parfaitement cohérent, c'est-à-dire employer toujours les mêmes aides pour obtenir les mêmes réponses. Ensuite, il doit avancer progressivement ; on ne peut passer à l'étape suivante que si le cheval a parfaitement compris ce qu'on lui a déjà fait travailler. Le cavalier doit aussi "dominer" sa monture : l'animal doit respecter celui qui le monte et lui faire confiance. C'est à cette seule condition qu'il sera obéissant. Il s'agit enfin de tenir compte des facultés du cheval... Ne pas trop lui en demander, surtout s'il n'est pas suffisamment préparé. Et, bien sûr, employer la récompense plutôt que la punition. Un dresseur digne de ce nom travaille en douceur, fait preuve de patience et de réflexion. En dressage, la maîtrise complète du cheval n'a rien à voir avec la violence ou la force...

LA RECHERCHE DE LA PERFECTION
Des allures brillantes mais avec une régularité d'horloge, une puissance tout en légèreté, une personnalité qui se laisse canaliser son perdre son expressivité... le cheval de dressage est un danseur.

Les chevaux adaptés

▸TONIQUES ET BIEN CONFORMÉS
Un bon cheval de dressage est fait "en montant" (garrot plus haut que la croupe). Il possède des aplombs parfaits.
Son encolure est bien sortie et plantée haut. L'épaule, longue et inclinée, permet un geste libre et délié des antérieurs. Ses allures doivent être amples, élastiques, parfaitement symétriques et régulières. Son tempérament, enfin, doit être énergique.
Un cheval mou ne brillera jamais en dressage ! Beaucoup de races de chevaux de sport réussissent bien dans cette discipline – chevaux allemands en tête, car ce pays accorde une grande place au dressage.

Le concours complet

Cette discipline très sportive est la plus complète des compétitions. Elle comprend trois épreuves : dressage, fond et obstacles. Un cheval de complet doit être capable de savoir tout faire... ou presque !

L'ENVOLÉE SAUVAGE !
Un cheval de complet n'a pas besoin de posséder un coup de saut fabuleux, mais il doit avoir du punch et de l'audace.

Le concours complet a une origine militaire. Au XIXe siècle, les armées française, allemande et suédoise décidèrent de tester la résistance de leurs chevaux de cavalerie sur des parcours sur route pouvant atteindre... 724 km ! Beaucoup de chevaux moururent lors de ces marathons absurdes et les épreuves furent modifiées : on réduisit le trajet sur route et on introduisit du dressage et du saut. Peu à peu, cette discipline évolua vers sa forme actuelle. Le concours complet d'aujourd'hui comprend trois grandes épreuves : une de dressage, une de fond et une de saut d'obstacles. La compétition se déroule sur un, deux ou trois jours.

Le dressage

Les concurrents sont d'abord testés en dressage. Le couple cheval-cavalier présente un enchaînement de figures imposées aux trois allures.

Les qualités requises

▸DE LA POLYVALENCE
Le cavalier de complet doit être confirmé dans les trois disciplines équestres classiques.

▸DE LA RÉSISTANCE
Un concours complet, c'est épuisant. Il faut pouvoir "tenir" lors d'une succession d'efforts physiques et mentaux...

▸DU SANG-FROID
Le courage est indispensable pour affronter un complet, avec son lot de risques, de surprises et d'émotions.

UN DÉCOR DE RÊVE
L'épreuve de fond se déroule souvent dans des cadres merveilleux, mais le cavalier n'a guère le temps d'apprécier !

Cette épreuve demande pondération, calme et rigueur. Le jury accorde ses notes en fonction de la position du cavalier, de la correction de ses aides, de la soumission du cheval et de l'exécution des figures. La difficulté, bien sûr, c'est qu'un cheval entraîné pour une difficile épreuve de fond à bien du mal à dérouler sagement une reprise !

Le fond

L'épreuve de fond est la plus dure, la plus spectaculaire – et la plus attendue par le public. Dans les compétitions pour jeunes cavaliers ou jeunes chevaux, elle ne comprend qu'un cross. Dans celles de niveau plus élevé, elle comportait il y a encore quelques années quatre étapes : un premier parcours routier (sur routes et chemins), un steeple-chase (course avec obstacles), un second parcours routier et, après un contrôle vétérinaire, un cross. Aujourd'hui, les règlements évoluent vers une simplification et le fond se réduit de plus en plus au seul cross. Ce dernier, qui se court à un train rapide, peut s'étendre sur plus de 3 000 m et demander de gros efforts au cheval. Obstacles en montée et en descente, par-dessus des fossés, gués... L'imagination des organisateurs joue avec les possibilités du terrain pour bâtir des parcours qui testeront le courage et l'adresse des chevaux.

Le saut d'obstacles

Le parcours d'obstacles, qui se déroule avant ou après l'épreuve de fond, teste plutôt l'obéissance et la technique que la puissance. Réussir un concours complet, c'est un exploit, et les couples d'athlètes qui s'y engagent méritent beaucoup d'admiration !

LE DRESSAGE, OU LA FORCE TRANQUILLE
Le dressage est l'épreuve la plus "soft" du concours complet. Calme et rigueur en sont les atouts majeurs.

Les chevaux adaptés

Le pur-sang, roi du complet ?

Les chevaux de complet sont souvent de modèle léger. Réactif, intelligent, endurant, le pur-sang est très utilisé dans cette discipline, mais il a les défauts de ses qualités : il peut être délicat, mentalement et physiquement. Parmi les meilleurs chevaux de complet en Europe, on trouve aussi les anglo-arabes, les selles français près du sang, les trakehners et les holsteiners près du sang.

Concours complet : le cross

Galoper bon train à travers plaines et forêts, en passant dans sa lancée rivières, murs, gués et autres obstacles impressionnants... Le cross est une épreuve éprouvante, tant pour le cheval que pour le cavalier. Il exige courage, adresse et intelligence.

Un cheval frémissant d'impatience s'élance sur la piste... Le cavalier, casqué, semble terriblement attentif. Il ne s'agit plus maintenant d'un simple concours d'obstacles, mais d'un véritable "parcours du combattant" à travers champs et bois. Même si cette épreuve semble un peu bucolique aux yeux des spectateurs, elle représente un réel tour de force. En cross, les obstacles sont fixes, ce qui signifie que lorsqu'ils sont heurtés, ils ne tombent pas... et ils provoquent

LA HAIE
Pour passer la haie, le cheval n'est pas obligé de sauter par-dessus, il peut "brosser" la partie haute.

Les qualités requises

▸DE L'ÉQUILIBRE
Dans une épreuve de cross, il faut rester en position d'équilibre près de la selle, sur les étriers chaussés relativement courts.

▸DE LA SOUPLESSE
Il faut laisser jouer les articulations : hanches, genoux et chevilles.

▸LE SENS DU "TRAIN"
Pour que le cheval puisse trouver son souffle, il faut lui permettre de trouver son "train" – la cadence de galop qu'il pourra maintenir tout au long du cross – et éviter de "casser" ce train.

PASSAGE DU GUÉ…
Le gué est l'un des obstacles de cross les plus redoutables. Il n'est pas profond mais l'entrée dans l'eau surprend le cheval et le ralentit. Il peut être encadré de saut à l'entrée et à la sortie.

… ET DU FOSSÉ
Il n'est pas très difficile à sauter, mais impressionne beaucoup le cheval et le cavalier.

alors la chute du cheval mais aussi du cavalier. Bien que des progrès dans la préparation des parcours aient rendu les accidents rares, le cross demeure une épreuve interdite aux débutants et aux tendres…

Frissons garantis !

Sur des distances pouvant atteindre de 2 à plus de 4 kilomètres, le cheval et le cavalier vont devoir tenir un rythme soutenu tout en avalant des obstacles. Par exemple, dans une pente un peu délicate, le "couple" s'engage bravement pour atterrir devant un talus par-dessus lequel il lui faudra "s'envoler". Une fois l'obstacle franchi, le concurrent et sa monture doivent absolument reprendre de la vitesse pour gagner de précieuses secondes avant d'atteindre le suivant. Celui-ci peut être un gué, un "piano" dont il faut monter ou descendre les marches, un mur de pierre…

Le bon matériel

▸CASQUE SPÉCIAL, PROTÈGE-DOS, GUÊTRES, CLOCHES, CRAMPONS…
Pour participer à cette épreuve, il faut un équipement spécifique obligatoire : un casque de cross et un gilet de protection appelé "protège-dos". Il est préférable d'avoir des gants et un vêtement à manches longues. Les membres antérieurs du cheval doivent être protégés avec des *guêtres* fermées et les postérieurs avec des guêtres hautes. On doit mettre également à sa monture des crampons et des *cloches*. Les rênes en tissu avec arrêtoirs en cuir sont celles qui glissent le moins en cas d'intempéries.

Option courte ou longue ?

Le principe du cross consiste à passer tous les obstacles sans encombre et assez rapidement pour ne pas dépasser le temps imparti. Pour certains obstacles, le cavalier a le choix entre l'option courte, qui comporte des difficultés de hauteur, de largeur, de raideur de pente, et l'option longue. Cette dernière a l'avantage d'être plus facile, mais fait perdre de précieuses secondes… Un cavalier audacieux, avec un cheval performant, choisira un maximum d'options courtes sur tout le parcours, pour être sûr de faite un bon temps ; un autre, plus prudent, préfèrera éviter les risques.

LEXIQUE

- **Cloches :** En caoutchouc, les cloches se fixent aux antérieurs, sur le paturon, pour protéger ses pieds.
- **Guêtres :** Ces protections mettent à l'abri le bas des membres. Elles sont spécifiques pour les antérieurs ou pour les postérieurs.

L'équitation éthologique

L'équitation éthologique repose sur une méthode de communication plus naturelle pour le cheval. Elle conçoit la relation cheval-cavalier comme un partenariat dans lequel l'homme doit se poser en "leader".

L'éthologie, c'est l'étude scientifique du comportement des animaux dans leur milieu. L'équitation éthologique, qui a été lancée d'abord par des "nouveaux-maîtres" américains (que l'on appelle aussi "chuchoteurs") sous l'appellation de "Natural Horsemanship", s'est développée en Europe ces dernières années, au point que la Fédération Française d'équitation, par exemple, a mis en place des examens spécifiques : les Savoirs d'équitation éthologique.

PLUS NATUREL POUR LE CHEVAL
L'équitation éthologique est dite "naturelle". Cela ne veut pas dire qu'on monte à cru ! L'idée est simplement d'apprendre à commiquer avec le cheval sur un mode qui lui est plus naturel à lui.

D'abors, le connaître !

Il existe différentes écoles, mais quel que soit le "maître" dont on se réclame – Pat Parelli, Andy Booth, Antoine Blondeau – cette équitation repose sur une bonne connaissance du comportement naturel du cheval et de sa psychologie. Contrairement à une idée reçue, l'équitation éthologique n'est pas plus facile que la méthode classique – ni plus vite apprise. Elle nécessite des apprentissages théoriques et beaucoup, beaucoup de pratique.

Penser cheval

La première étape consiste à devenir capable de se "mettre dans la peau" du cheval. Avant toute chose, il faut se souvenir que, dans la nature, il est une proie. Il a nourri beaucoup de grands fauves et cela a forgé deux de ses instincts les plus puissants : l'instinct de fuite et l'instinct grégaire. Quel que soit son degré de domestication, il continue d'être gouverné par ces instincts et ce sont eux qu'il faut à la fois utiliser et canaliser pour établir avec lui une relation sûre. Pour mieux comprendre ses

Attention, danger !

Il y a beaucoup à apprendre

L'équitation éthologique semble beaucoup plus douce parce qu'elle repose sur un partenariat : mais cela ne signifie pas qu'il ne faille pas se faire respecter, ce qui n'est jamais facile ! Cela demande énormément de compétence – d'autant plus qu'on utilise peu de contraintes physiques. Attention, on ne s'improvise pas chuchoteur !

SAUVAGE DANS L'ÂME
Même domestiqué depuis des générations, le cheval continue à réagir selon ses instincts profonds : il faut les comprendre pour savoir les utiliser et les canaliser.

réactions, imagine comment tu te sentirais si tu marchais avec un groupe d'amis dans une forêt de l'Inde peuplée de tigres mangeurs d'homme : tu te sentirais probablement assez nerveux et près à t'enfuir au premier craquement de brindille ! Et tu ne tiendrais pas du tout à t'éloigner de tes compagnons... Et si un Indien qui connaît parfaitement la forêt et les tigres te propose de devenir ton guide – ton *leader* – tu le suivras de ton plein gré et tu feras ce qu'il te dit : parce qu'il te rassure et que tu sais qu'il est compétent.

Devenir le leader de son cheval

Le cavalier éthologique a pour objectif de devenir le "leader" de son cheval, c'est-à-dire un compagnon qui a autorité non pas parce qu'il inspire la crainte, mais parce qu'il est compétent et rassurant. Les différentes méthodes ont pour but, à travers un ensemble de pratiques et de "jeux", dont une grande partie se déroulent au sol, de permettre au cavalier d'inspirer au cheval confiance et respect et d'amener celui-ci à travailler comme un partenaire volontaire, consentant et confiant, et non comme une monture contrainte et soumise.

"Parler cheval"

Le cheval ne parle pas le français – ni l'anglais d'ailleurs ! Le seul langage qu'il pratique couramment, c'est celui du corps : il faut donc apprendre à comprendre son langage corporel, puis à s'adresser à lui en utilisant ce même langage.

DANS TOUTES LES DISCIPLINES
Les principes de l'équitation éthologique sont applicables à toutes les disciplines ! Des champions de concours complet ou d'attelage s'en réclament.

À faire	À éviter
▸**SE FAIRE COMPRENDRE** Le cheval ne cherche que son confort : si la bonne réponse à une demande lui apporte du confort, il la donnera très volontiers... s'il a compris la demande. Trop souvent la "mauvaise volonté" du cheval a pour seule origine le manque de clarté de la demande du cavalier. Il faut "parler cheval".	▸**FAIRE DES DEMANDES TROP DIFFICILES** Si ton cheval est soumis à une demande trop difficile, il risque de se bloquer ou de protester violemment. Impossible alors d'utiliser des aides légères ! Pour une éducation en douceur, tu dois aborder les nouveautés et les difficultés très progressivement.

L'endurance

L'endurance est une rude chevauchée en pleine nature. Il s'agit d'aller le plus vite possible d'un point à un autre, tout en gardant le cheval dans un état de fraîcheur maximale... ce qui peut sembler un défi presque impossible à réaliser !

En endurance, les consignes sont strictes : le cheval doit être préservé, malgré la difficulté de l'épreuve. Ce n'est pas celui qui va le plus vite qui gagne, mais celui qui gère le mieux les efforts de son cheval. Certes il faut boucler l'épreuve dans le meilleur temps possible – mais si le cheval est épuisé les pénalités sont lourdes ! On peut donc arriver le premier et se retrouver le dernier au classement – voire se faire éliminer ! Dans cette discipline, des contrôles vétérinaires réguliers sont organisés tout au long du parcours. Le concurrent peut à tout moment se voir éliminé si son cheval ne récupère pas bien ou s'il boite.

Jusqu'à 200 km !

Les distances d'un raid d'endurance sont variables, mais elles peuvent atteindre parfois 200 km ! Le temps mis par les concurrents varie beaucoup en fonction de la topographie et de la météorologie. On couvre plus de terrain en plaine lorsqu'il fait frais que sur des terrains escarpés par un temps caniculaire. La vitesse moyenne est de l'ordre de 15 à 20 km/h.

Les qualités requises

▸MORAL SOLIDE, CUISSES EN BÉTON
Le cavalier d'endurance doit avoir un moral à toute épreuve, des nerfs solides, des cuisses en béton... Mais il doit aussi être très à l'écoute de son cheval et savoir renoncer à finir la course si sa monture montre des signes de fatigue intense.

DES CHEVAUX TOUT-TERRAIN
Les chevaux d'endurance ont le pied sûr et passent partout. Ils sont habitués à affronter toutes sortes de terrains vaillamment.

PIED À TERRE
Par moment, durant un raid, le cavalier parcourt un bout de chemin à pied pour épargner sa monture et l'aider à mieux récupérer.

Une championne de… 84 ans !

L'un des mérites de l'endurance, qui contribue certainement à l'engouement croissant que suscite cette discipline, c'est son côté "en équipe". En effet, le couple cavalier-cheval s'appuie largement sur l'aide d'une "équipe suiveuse", qui le soutient tout au long du parcours : il faut assurer la boisson du cheval – la déshydratation est une des menaces les plus graves dans une course d'endurance – le rafraîchir s'il a chaud et transpire, aider le cavalier lors de la récupération avant un contrôle vétérinaire, lui donner des indications sur le parcours, les difficultés à attendre, l'avancement des divers concurrents…

Les meilleurs chevaux

L'endurance n'est pas réservée à un type de race particulier. Les chevaux d'origine arabe, naturellement endurants, sont très recherchés et beaucoup obtiennent de bons résultats. Mais on voit aussi des selles français plus ou moins mâtinés de pur-sang, des anglo-arabes et des races locales très variées. D'un point de vue morphologique, le champion d'endurance doit être doté d'un bon équilibre, de membres et de pieds solides avec de bons aplombs, d'un dos plutôt court et, bien sûrn d'un cœur de champion ! Il faut qu'il possède des allures économiques, c'est-dire à la fois couvrant beaucoup de terrain sans efforts inutiles : les allures bondissantes appréciées en dressage ne sont pas recommandées ! Enfin, son mental doit être à la hauteur : il lui faut passer partout sans hésitation. Ni l'eau, ni le sable ou la boue, ni les déclivités ou tout autre difficulté ne l'arrêtent !

Le bon matériel

►LA SELLE
Une bonne selle d'endurance doit s'adapter à la conformation du cheval, et notamment respecter son garrot ; sa surface d'appui doit permettre au cavalier d'y répartir régulièrement son poids ; enfin, elle doit être très légère.

►LES ÉTRIERS
Durant un raid d'endurance, le cavalier monte pour une bonne part en suspension : il demeure parfois des heures en appui sur les étriers. Il vaut donc mieux choisir ceux-ci avec un large plancher, qui ne cisaille pas les pieds.

►LES TAPIS
Un tapis amortisseur permet de limiter les effets des secousses que reçoit le dos du cheval. Il est en feutre, en laine, en mousse ou en gel.

L'aventure du TREC

Les concurrents d'un TREC suivent un parcours non balisé et semé d'embûches. Beaux paysages et aventures palpitantes en perspective !

Les qualités requises

▸DE LA DÉBROUILLARDISE
En pleine nature, un "trecquiste" doit savoir se débrouiller quels que soient les imprévus et faire face à toutes les situations.

▸DE LA PERSÉVÉRANCE
Pas question d'abandonner à la moindre difficulté !

▸DE LA RÉSISTANCE PHYSIQUE
Les 60 km du POR nécessitent un cavalier et un cheval en bonne forme et entraînés.

Le TREC (Techniques de randonnées équestres de compétition) teste les qualités du cavalier d'extérieur :aptitude à s'orienter, talents à cheval, entraînement de ce dernier, confiance et échanges entre les deux partenaires. On entend trop souvent un concurrent malheureux accuser son cheval, ou un autre se présenter en unique vainqueur, oubliant celui qui lui a assuré une grande part de sa réussite... Le TREC comporte quatre epreuves, réparties sur une ou deux journées.

La présentation

La première, l'épreuve de présentation, consiste surtout à vérifier que la monture est en forme et que son harnachement est adapté à la journée qui s'annonce. Dans les épreuves officielles, il faut posséder une trousse de secourisme, un nécessaire de maréchalerie et un système d'éclairage et de signalisation.

Le parcours d'orientation

La deuxième, le parcours d'orientation et de régularité (POR), est l'épreuve reine du TREC, celle qui joue un rôle déterminant dans le classement. Le jeu consiste à recopier avec précision un tracé sur carte, de 20 à 60 km, puis à le suivre avec exactitude (attention !

des contrôles sont dissimulés le long de l'itinéraire). Une très belle balade, mais qui réclame une attention soutenue, d'autant plus que le cavalier doit respecter des vitesses imposées (6 à 12 km/h selon les cas).

Le couloir

La troisième épreuve se déroule dans un couloir un peu mystérieux (1,50 m de large, 150 m de long) tracé à la chaux dans un vaste pré. Les concurrents s'y lancent sous l'œil vigilant des contrôleurs répartis le long de la piste. Il s'agit de parcourir celle-ci au galop lent, puis de revenir au pas rapide. Une malheureuse foulée de trop ou un pied hors du couloir et c'est la faute !

Le parcours en terrain varié

La quatrième épreuve est un parcours en terrain varié (PTV). Sur quelques kilomètres, le couple affronte seize difficultés naturelles ou reconstituées : gué, passerelle, portail à ouvrir et à refermer sans descendre de cheval, branches basses, fossés, fortes pentes et même... escalier à monter ! Chaque franchissement est testé par un juge, qui note à la fois le style et l'efficacité. Enfin, tout au long des quatre épreuves du TREC, le cheval est soumis à des contrôles vétérinaires.

SAUTERA, SAUTERA PAS...
Lors du parcours en terrain varié (PTV), le cheval n'est pas toujours décidé. Suspense pour le public, sueurs froides pour le cavalier...

Le bon matériel

▸CONFORTABLE ET PRATIQUE
En TREC, une grande liberté est accordée au cavalier dans le choix du harnachement. Peu importe le style (western ou classique) pourvu que le matériel soit confortable et fonctionnel. Il ne faut pas oublier de laisser un licol au cheval sous le filet ni d'emporter une longe d'attache.

La selle doit comporter une grande surface de matelassure pour bien répartir le poids du cavalier. Des sacoches permettent de glisser les papiers d'identité du cavalier et du cheval, une carte, une boussole, un canif, un briquet, la longe, une trousse de secourisme, une autre de maréchalerie et un matériel d'éclairage.

L'équitation western

Dérivée de la monte des cow-boys, l'équitation western séduit de plus en plus d'adeptes. Le cheval western est largement sélectionné pour son "mental", afin qu'il soit un partenaire fiable et capable d'initiative.

Les chevaux adaptés

Le quarter horse et l'appaloosa

Les races les plus appréciées pour l'équitation western sont le quarter horse, le paint (quarter horse pie) et l'appaloosa. Mais de nombreux chevaux et poneys peuvent convenir à cette discipline, à condition qu'ils soient intelligents et réactifs, de ne pas dépasser 1,55 m environ, d'avoir une arrière-main puissante, une encolure plutôt longue et un poitrail développé.

Comme son nom l'indique, l'équitation western vient de l'ouest des États-Unis. Directement inspirée de la façon dont les cow-boys utilisaient leurs chevaux pour mener et travailler le bétail, elle correspond à un style de monte (selle confortable, étriers chaussés longs, rênes flottantes) induit par les impératifs d'une équitation de travail. L'équitation western donne l'impression d'une absence de contrainte et d'une grande décontraction parce que le cavalier monte rênes longues : elle repose en fait sur une éducation stricte qui responsabilise le cheval et fait de lui un vrai partenaire.

LE CHAPEAU N'EST PAS LÀ POUR LE FOLKLORE
La monte western est avant tout une équitation d'extérieur. Le chapeau protège efficacement des intempéries et de l'ardeur du soleil.

Le cheval coéquipier

À la suite d'une sélection et d'un dressage, le cheval est conditionné à rechercher lui-même son équilibre et à obéir scrupuleusement à son cavalier, au doigt et à l'œil en quelque sorte, par contrat ! Le cheval de western est un animal qui "connaît bien son boulot", sans qu'il soit nécessaire de le lui rappeler constamment. Il doit être adroit, avoir des allures confortables, des réactions rapides, une grande docilité et un caractère équilibré. Son intelligence est vive : on attend de lui qu'il comprenne avec très peu d'indications. Dans ce type d'équitation, en effet, l'intervention du cavalier est minimale. Le cheval devient un coéquipier, il n'est plus celui qui exécute les ordres reçus. Et il n'y a pas de dressage à l'américaine si l'animal n'a pas un mode de vie adapté aux exigences de son espèce : il doit vivre au pré ou en stabulation libre afin de satisfaire son besoin de mouvement. Ainsi, il n'a pas à se défouler lors de la séance de travail. Et pour son bon équilibre psychologique, il doit cohabiter avec d'autres chevaux.

Les principales épreuves

Pratiquée dans le monde entier, l'équitation western est devenue une discipline à part entière, avec ses compétitions et son championnat du monde. Les épreuves sont variées. Le "pleasure" démontre simplement la régularité et la qualité des allures. Le "trail" comporte des obstacles tels que la bâche, le pont et les barres passées latéralement ; le cheval doit aussi franchir un portail sans que son cavalier lâche la porte. Le "reining" est une épreuve très spectaculaire : elle comporte des galops rapides suivis d'arrêts brusques où l'animal glisse sur ses postérieurs. Lors du "cutting", le cheval doit séparer une tête de bétail du reste du troupeau, puis lui couper la route vers le troupeau. Enfin, le "pole bending" est un slalom au galop rapide entre des barres.

LEXIQUE

- **Mors de bride :** Mors pourvu de branches et d'une chaîne, la gourmette, agissant selon le principe du levier sur le maxillaire inférieur.

Le bon matériel

▸TENUE COW-BOY DE RIGUEUR
En monte western, pas de bombe, ni de culotte d'équitation ! Le cavalier est en costume de cow-boy traditionnel. Son cheval arbore une selle américaine profonde et confortable avec une "corne" à l'avant, un tapis très épais, des étriers soutenus par de larges morceaux de cuir qui servent d'étrivières et un *mors de bride* simple.

Le horse-ball

Accélérations foudroyantes, arrêts quasi instantanés, demi-tours éclair dans un terrain minuscule, plongeons pour attraper le ballon, lancers spectaculaires… Le horse-ball, c'est du basket à cheval. Émotions garanties !

Le horse-ball est le plus célèbre des jeux d'équipe à cheval, et l'un des plus palpitants. Il est dérivé d'une distraction pratiquée au XVIIe siècle en Argentine, où il s'agissait de se passer, en guise de ballon, un canard mort enfermé dans un sac de cuir. À l'époque, tous les coups étaient permis et les matchs se disputaient avec tant d'âpreté qu'il y avait des morts parmi les joueurs ! Le horse-ball moderne – moins rude et plus fair-play ! – s'est développé en Europe il y a seulement une vingtaine d'années. Malgré son nom anglais, c'est en France qu'il a été imaginé.

Les règles du jeu

Le terrain de horse-ball mesure 25 m x 65 m. À chaque extrémité se dresse un but circulaire de 1 m de diamètre, muni d'un filet et fixé à 3,50 m de hauteur. Chaque équipe compte 4 joueurs qui, tour à tour, se penchent

DE L'ADRESSE !
Les cavaliers doivent faire preuve de beaucoup d'adresse et d'une grande solidité en selle pour rattraper ou lancer le ballon, tout en contrôlant leur cheval…

Le bon matériel

▸PROTÉGER CAVALIER ET CHEVAL
Avant de commencer une partie, il faut penser à se protéger : guêtres et cloches pour le cheval, genouillères, épaulettes et casque pour le cavalier. Dans le feu de l'action, les chocs peuvent être rudes ! Une sangle passant sous le ventre de l'animal relie les étriers, ce qui permet aux joueurs de plonger en avant sans risque.

LE HORSE-BALL, UNE QUESTION D'ÉQUILIBRE
Pour compenser les déplacements soudains du cavalier sur la selle, le cheval de horse-ball doit posséder un solide équilibre.

10 SECONDES POUR GARDER LA BALLE !
Les cavaliers d'une même équipe, qui ne peuvent tenir la balle plus de 10 secondes, galopent jusqu'à la ligne de pénalité en se faisant des passes.

de leur monture et ramassent à terre une balle munie d'anses qu'il faut aller placer dans le panier adverse, sans la garder plus de 10 secondes. Lancés en plein galop, les cavaliers d'une même équipe se font des passes, tandis que les joueurs du camp opposé se déploient pour bloquer les attaquants et tenter de récupérer la balle. Pour tirer, ils doivent s'arrêter sur une ligne de pénalité placée à 10 ou 5 m du but. Chaque partie est divisée en deux périodes de 10 minutes, séparées par une mi-temps de 3 minutes. L'équipe qui marque le plus de buts gagne le match, réglementé par deux arbitres, l'un à pied, l'autre à cheval. Les mauvais traitements infligés aux chevaux, sur le terrain et en dehors, sont interdits. Les arbitres peuvent pénaliser ou éliminer les contrevenants.

Une assiette à toute épreuve !

Le horse-ball demande au cavalier de sacrés qualités. Côté mental, l'esprit d'équipe, la vivacité, l'audace, le sang-froid. Côté physique, un sens aigu de l'équilibre, beaucoup de souplesse, de l'énergie, du muscle. La précision et l'habileté au lancer sont bien sûr indispensables. Les joueurs de compétition sont des cavaliers aguerris qui possèdent une assiette à toute épreuve. Mais ce sport est aussi ouvert aux débutants. Dans l'excitation du jeu, ils oublient leurs appréhensions et se découvrent des moyens qu'ils ignoraient ! Les clubs font souvent pratiquer le horse-ball à titre de mise en selle. Le moniteur ou l'entraîneur s'efforce de former des couples : il associe tel cheval à tel cavalier, en fonction de leurs capacités et de leur tempérament. On ne peut pas jouer correctement si l'on ne fait pas équipe avec sa monture !

Les chevaux adaptés

Maniables et réactifs

Le horse-ball demande au cheval de véritables décharges d'énergie. Rapide, agile, solide, puissant, maniable… Voilà les qualités qui font un bon cheval de horse-ball. Il ne doit pas non plus être susceptible et difficile, car il n'est guère épargné par son cavalier ! Enfin, il ne doit pas être trop grand, car comment ramasser une balle au sol s'il mesure 1,80 m au garrot ? Les poneys sont en général très qualifiés ; d'ailleurs ils se prêtent volontiers au jeu et galopent d'eux-mêmes vers le ballon !

La voltige

La voltige, c'est un peu de la gymnastique acrobatique à cheval. Grâce, force et adresse se mêlent dans cette discipline aussi belle à regarder qu'amusante à pratiquer.

Tu t'es sûrement déjà émerveillé(e), au cirque, devant ces artistes qui virevoltent sur le dos de leur cheval au galop, sautent à terre pour remonter aussitôt, construisent sur le même cheval des pyramides avec d'autres cavaliers... Ce sont des as de la voltige. La discipline officielle, qui combine gymnastique, danse, acrobatie et équitation, s'est inspiré de leur travail et de la piste ronde traditionnelle du cirque.

Une bonne école

Dès le plus jeune âge, tu peux t'initier aux sensations intenses de la voltige. Cette discipline aide en outre à devenir un bon cavalier, car elle donne de l'assiette, de l'aisance, de l'audace. Dans de nombreux centres, elle devient l'apprentissage privilégié de l'équitation. Le principe de base consiste à être constamment en accord avec les mouvements et le rythme du cheval, au

LE "DEBOUT"
Le cavalier doit maintenir la position debout, avec les bras en croix, durant quatre foulées.

Les qualités requises

▸NI SELLE NI RÊNES, MAIS UN SURFAIX
Contrairement à l'équitation classique, il n'y a pas besoin de selle ni de rênes puisque le cheval est en longe sur un cercle. Le cavalier n'a pas à se préoccuper de maîtriser son cheval. Pour tout équipement, le voltigeur habille sa monture d'un surfaix (courroie entourant le thorax du cheval) muni de deux anses ; d'un bridon et d'un mors, relié au surfaix par deux rênes. Le cavalier, lui, n'a besoin que de chaussons de gymnastique et d'un justaucorps. La voltige est de loin l'art équestre dans lequel on se sent le plus léger !

ATTENTION, PYRAMIDE FRAGILE !
Un simple déséquilibre, et tout le monde est par terre !

pas, au trot ou au galop. Mais les figures s'effectuent surtout au galop rassemblé. Le cheval de voltige est dressé à la longe, sur un grand cercle. Il doit apprendre la régularité de l'allure et à rester imperturbable, quelles que soient les acrobaties que le cavalier accomplit sur son dos. Il doit être âgé d'au moins six ans, avoir le dos long et peu sensible, et être de taille moyenne afin de faciliter le "à terre, à cheval".

GYMNASTE !
Pour que les figures soient belles, les voltigeurs de haut niveau travaillent beaucoup. Ce sont de véritables gymnastes.

De la légèreté et du rythme

Le voltigeur doit être léger, autant par son poids que dans ses mouvements. D'abord, il répète ses gestes sur l'animal immobile. Une fois la technique assimilée, on met le cheval en mouvement, ce qui facilite les impulsions. Sauter d'une monture, prendre appui au sol et se propulser sur son dos est beaucoup plus difficile à l'arrêt qu'au galop ! Cependant, il faut avoir une bonne anticipation du déplacement du cheval et être… en mesure ! Il existe des championnats de voltige. On y juge des figures imposées et des figures libres. La compétition se pratique individuellement ou par équipes. Contrairement à d'autres disciplines équestres, en voltige individuelle hommes et femmes concourent séparément.

Les chevaux adaptés

Les grands poneys ont la cote !

Pour l'apprentissage de la voltige, un grand poney welch, un connemara ou un haflinger conviennent très bien. Ils s'accommodent gentiment du travail en cercle. De plus, ils sont de hauteur modérée, ce qui limite les risques en cas de chute ! Mais si l'on veut accéder un jour à la compétition, il faut un cheval plus grand.

L'attelage

Si les transports hippomobiles n'existent plus, l'attelage fait de plus en plus d'adeptes. Promenades, randonnées, concours... Ce sport, physiquement moins exigeant que l'équitation, mais aussi passionnant, offre de nombreuses possibilités.

Oublié pendant des décennies, l'attelage connaît aujourd'hui un regain de popularité. Il est devenu une discipline de compétition reconnue internationalement, mais il constitue aussi une pratique formidable pour de nombreux amateurs. Convivial, il permet d'emmener en balade des amis non cavaliers. C'est aussi un moyen de continuer à utiliser un poney devenu trop petit pour son jeune propriétaire, par exemple. Mais attention, l'attelage demande de solides connaissances techniques pour

Les qualités requises

▸ L'AMOUR DES TRADITIONS
Le transport à cheval a marqué notre histoire. Pour aimer l'attelage, il faut être un peu nostalgique du temps passé...

▸ LE GOÛT DU DRESSAGE
Même s'il est déjà mis sous la selle, le cheval doit être préparé au travail spécifique de la traction. Il faut l'accoutumer aux longues rênes, au harnais, aux brancards...

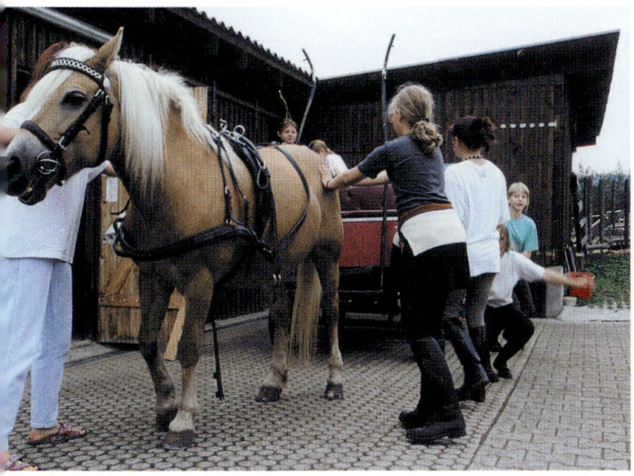

être pratiqué en toute sécurité. On n'attelle pas un cheval sans l'aide et les conseils d'un spécialiste. Le dressage de l'animal doit être mené à bien par un professionnel, tandis que le cavalier, de son côté, prend des leçons de menage.

Le harnais

Le premier élément indispensable à l'attelage est le harnais (ensemble des courroies, sangles et boucles qui permettent d'attacher le cheval à la voiture.) Pour le néophyte, le harnais paraît compliqué : il est en effet un peu complexe. Mais avec un peu de méthode, il est facile de s'y retrouver. On y distingue quatre parties différentes : les appareils de direction, de traction, de portage et de reculement. Acheter un harnais neuf de bonne qualité revient cher, mais, pour commencer, on peut très bien s'en procurer un d'occasion. Les vieux harnais retrouvés dans un grenier sont à éviter : s'ils cassent, ils peuvent provoquer un accident grave.

La voiture

Il existe de très nombreuses variétés de véhicules hippomobiles. Pour débuter, on utilise de préférence une dresseuse. C'est une voiture légère et solide, à deux-roues et à deux places, avec des brancards longs (qui protègent d'éventuelles ruades). Il est essentiel d'acheter un véhicule dont la taille soit en rapport avec celle de son cheval, et adapté à sa morphologie. Enfin, comme pour le harnais, il faut veiller à sa robustesse et refuser les vieilleries.

À bride abattue !

L'attelage en compétition est une discipline très technique et plus sportive qu'il n'y paraît. Le marathon, notamment, est une véritable épreuve physique où les meneurs, comme les chevaux, se donnent à fond. La maniabilité demande un niveau de dressage avancé aux chevaux et une grande compétence aux meneurs. Toutes comme ceux d'obstacle ou de dressage, les chevaux d'attelage doivent être entraînés régulièrement pour accéder progressivement à un bon niveau de dressage et développer les capacités physiques nécessaires.

LA SÉCURITÉ D'ABORD
Bien harnacher est toujours laborieux, mais indispensable pour assurer la sécurité du meneur, des occupants de la voiture… et des chevaux.

Les chevaux adaptés

Forts, dociles, courageux

Un cheval d'attelage doit être fiable : indifférent à la circulation automobile, exempt de tout vice, ni peureux ni rétif, mais au contraire docile, courageux, coopératif. Il doit aussi être fort – ce qui ne veut pas forcément dire lourd. Le barbe ou l'anglo-arabe, par exemple, compensent leur légèreté par un bon influx nerveux. On recherche plutôt une épaule longue et droite, ce qui permet une bonne mise en place du collier, et les marques de puissance : poitrine profonde, croupe généreuse et large, articulations solides.

Attelage : le marathon

Le marathon d'attelage est une véritable épreuve physique où les concurrents, comme les chevaux, se donnent à fond. Une compétition très appréciée du public, qui aime cette belle démonstration de force et de précision.

BIEN CONNAÎTRE LE PARCOURS, LA CLÉ DE LA RÉUSSITE
48 heures avant l'épreuve, c'est la reconnaissance officielle du parcours. Puis, jusqu'au départ, les concurrents sont autorisés à y déambuler librement.

Le marathon est l'une des épreuves les plus spectaculaires et les plus éprouvantes en concours d'attelage. La distance totale à parcourir va d'une quinzaine à une vingtaine de kilomètres (maximum vingt-sept). Les chevaux sont donc rudement éprouvés, d'autant que le parcours est émaillé de difficultés diverses : montées, tournants brusques, obstacles... à franchir dans l'ordre et dans le sens indiqué par les fanions et à l'allure précisée par le règlement.

Les obstacles

En marathon attelé, les obstacles ne sont pas, évidemment, les mêmes qu'en concours hippique. Il ne s'agit pas de sauter des barres mais de franchir des passages tortueux semés d'arbres, de poteaux, de gués, qui obligent les attelages à faire la démonstration de leur agilité, de leur force, de leur franchise et de leur précision. L'entrée et la sortie de ces obstacles – qui peuvent être

Le bon matériel

▸ DES VOITURES AVEC FREINS À DISQUE
Les véhicules employés pour le marathon sont construits spécialement pour cet usage, avec un souci pratique plutôt qu'esthétique ; la plupart sont pourvus de freins à disque semblables à ceux des automobiles.
Le harnais (ensemble des courroies, sangles et boucles qui permettent d'attacher le cheval à la voiture) doit, quant à lui, être récent et d'excellente qualité.

longs de 250 mètres – sont marquées par une ouverture, la porte. Des portes sont parfois également aménagées entre les différents éléments de l'obstacle. Souvent, elles peuvent être franchies dans l'ordre que l'on veut, mais pas toujours : l'enchaînement est alors indiqué par des lettres classées alphabétiquement.

Des haltes obligatoires

Le rythme est si infernal que deux haltes obligatoires d'au moins dix minutes sont prévues pour que les chevaux s'abreuvent et se reposent. Un vétérinaire et un maréchal-ferrant sont présents lors de la seconde halte, afin de juger si les équidés sont en état de reprendre la course ou pour leur apporter des soins éventuels.

Les pénalités

Comme dans un parcours de saut d'obstacles, les points de pénalité dépendent des fautes commises. Parmi les plus courantes, il y a l'erreur de parcours (le concurrent ne franchit pas les portes obligatoires dans l'ordre indiqué), la faute d'allure, le temps perdu (tout dépassement du temps accordé entraîne une pénalité de 1 point par 10 secondes), la perte du fouet (qui peut coûter 5 points), le renversement de la voiture, le fait de mettre pied à terre... Quant à l'équipage qui dételle un ou plusieurs chevaux et les guides à la main, il est éliminé.

Le juge "volant"

Durant le déroulement du marathon, un arbitre monte à bord de la voiture pour juger le parcours. On l'appelle le juge volant – ce qui est une appellation cruellement appropriée, car il lui arrive bien souvent d'être éjecté ! Le règlement spécifie d'ailleurs : « Si l'arbitre est éjecté de la voiture, le concurrent doit l'attendre aussi longtemps que possible. Si l'arbitre n'est pas en état de continuer, le jury de terrain doit être averti sans délai. » Mais il n'y a pas que le juge volant qui passe parfois par-dessus bord... Ce peut être aussi le meneur ou le groom. Lors du parcours, le public se masse toujours autour du gué, obstacle redouté, dans l'espoir malicieux d'assister au bain forcé de l'un des passagers !

ABORDER LES OBSTACLES AVEC PRÉCISION
Pas facile de diriger avec précision un attelage de quatre chevaux, surtout quand il s'agit de passer des portes étroites ou des gués !

Zoom anatomique

Des sang-chaud

La plupart des chevaux utilisés dans cette discipline sont des sang-chaud issus des races d'attelage européennes : holstein, oldenbourg, bai de Cleveland et croisements de cleveland, welsh cob et fell, ainsi que l'imposant gelderlander hollandais et le lipizzan des remarquables attelages hongrois.

La randonnée

Grâce à la randonnée, le cheval devient un symbole de liberté et de découverte de la nature. Un rôle qui lui va à ravir ! Il n'est pas besoin d'aller loin pour ressentir de merveilleuses sensations : l'aventure est au détour du sentier...

Pour voyager à cheval, il faut savoir mener, nourrir et soigner sa monture, lire une carte, s'orienter, camper et organiser son propre confort... La randonnée équestre est presque un métier ! Elle s'apprend. On ne devient donc pas voyageur à cheval en un seul jour. On commence par faire des balades en groupe d'une heure ou d'une demi-journée. Puis, on part plusieurs jours, une semaine ou plus. Les trucs du métier (attacher les chevaux, se repérer dans le brouillard, connaître les symboles d'une carte, planter un bivouac, etc.) s'apprennent un à un, en observant et en posant des questions à ceux qui savent.

UN COPAIN À LA BONNE TAILLE
En rando, ne choisis pas un cheval trop grand. Il est important de pouvoir monter et descendre aisément et fréquemment.

Les chevaux adaptés

Sportifs et équilibrés

De tous les cavaliers, le randonneur est celui qui passe le plus de temps avec son cheval. Celui-ci doit donc avoir, en priorité, bon caractère ! Il doit être facile à contrôler, pour éviter qu'il ne s'affole face à des objets inconnus. Il doit en outre être calme, ne pas tirer sur ses rênes dès le départ, ne pas "chauffer" au galop, savoir rester attaché sans broncher, embarquer en douceur dans le camion, être respectueux en main et donner parfaitement ses quatre pieds.

LE CHEVAL DE BÂT
Endurant et costaud, il transporte des chargements divers et donne aux randonneurs une autonomie totale.

BIEN RÉPARTIR LE MATÉRIEL
Quand on est plusieurs, il faut répartir le matériel entre les chevaux.

Ordinairement, au départ d'une journée de randonnée, les cavaliers commencent à pied, sans avoir complètement sanglé pendant le premier kilomètre. La selle prend ainsi sa place et le dos du cheval s'échauffe doucement, sans poids. De la même manière, il faut terminer l'étape à pied, après avoir légèrement dessanglé : le dos a été longtemps comprimé et l'afflux soudain de sang pourrait y faire apparaître des *gonfles* douloureuses.

Être aux petits soins

En rando, il faut avoir l'œil sur son cheval, qui risque de souffrir de divers de petits problèmes, depuis les blessures dues au harnachement jusqu'à la mauvaise digestion. À l'étape, il faut laisser le cheval boire tranquillement, puis lui propoer du fourrage – s'il y en a – ou un temps de pâturage, et des aliments concentrés – granulés ou céréales. Il faut éviter de donner la ration au sol : l'animal en gaspillerait une partie et avalerait peut-être de la terre, ce qui pourrait lui provoquer des “coliques de sable”. Céréales ou granulés doivent être déposés sur une surface propre (bâche, sol cimenté), ou dans un récipient plus ou moins “de fortune” – seau, chapeau, musette... Le cheval doit être placé à l'ombre si c'est l'été, à l'abri du vent s'il fait froid, et attaché haut, pour éviter qu'il se fasse une prise de longe. Il faut le desseller et faire sécher le tapis de selle.

Rando extrême

Les randonneurs expérimentés peuvent partir pour de très longs voyages. Une des plus étonnantes randonnées équestres connues est celle de l'Argentin Aimé-Félix Tschiffely et de ses deux chevaux, Mancha et Gato. Tous trois ont couvert le trajet Buenos-Aires-New-York, soit... 16 000 km. Et quels kilomètres ! Entre l'Argentine et les États-Unis, ils ont traversé déserts et montagnes, en passant du niveau de la mer à 5 000 m d'atitude, plus haut que le Mont-Blanc !

LEXIQUE

- **Gonfle :** Induration douloureuse dûe à la pression importante et prolongée du harnachement. Elle est souvent placée sur le garrot ou le dos du cheval.

Le bon matériel

▸LA SELLE
Une selle de randonnée doit bien répartir le poids du cavalier (et des sacoches) sur le dos du cheval. Plus elle a de surface portante (autant en largeur qu'en longueur), mieux le poids est réparti, ce qui limite les risques de *gonfles* et de blessures.

▸LE FILET
Le filet doit être très solide, fait dans un cuir gras de haute qualité, avec des coutures résistantes ainsi qu'une excellente bouclerie.

▸LE LICOL
En randonnée, on laisse souvent le licol au cheval, sous le filet. À chaque halte, il suffit d'y fixer la longe pour attacher le cheval : cela évite de débrider. Le licol doit donc être lui aussi très costaud, en Nylon doublé car, s'il casse, c'est le cheval en liberté, avec tous les risques que cela comporte.

Les pony-games

Course en sac, slalom, jeux de ballon, relais… Les pony-games, tout le monde adore, cavaliers en herbe ou confirmés, spectateurs, mais aussi poneys !

Les pony-games sont à la fois des jeux très amusants et une excellente école pour les jeunes cavaliers. Ils développent l'esprit d'équipe, le goût de la performance… Une bonne introduction au monde excitant de la compétition, le tout dans une ambiance bon enfant où personne ne se prend trop au sérieux.

VISE BIEN !
Le jeu des fanions demande beaucoup d'adresse.

Les qualités requises

▸DE L'ASSIETTE
Ces jeux exigent de demeurer solide en selle malgré les mouvements du poney. Sans équilibre, pas de pony-game !

▸UNE GRANDE SOUPLESSE
Sauter à terre en vitesse et remonter, se pencher en avant et se redresser aussitôt… La souplesse est obligatoire.

▸DU SOUFFLE
Pas question de flancher pendant la course en sac ou autre jeu de vitesse. Pour ce, il faut du souffle, mais aussi une bonne musculature.

LE JEU DE RELAIS
Le relais est un classique des épreuves par équipes.

Des épreuves très "fun"

Les pony-games comportent de très nombreuses épreuves pleines de fantaisie, qui vont de la course en sac au slalom, en passant par le jeu des fanions ou des ballons. Pour la course en sac, le cavalier galope jusqu'à une ligne, descend et attrape un sac dans lequel il s'enfile. Puis, il revient en sautillant aussi vite qu'il le peut à son point de départ, tout en tenant son poney. Attention, celui-ci ne doit pas recevoir de choc dans la bouche, sinon il refusera d'avancer ou tirera de son côté ! Pour le slalom, le concurrent zigzague entre des piquets. Il ne doit en manquer aucun, sous peine de faire demi-tour pour le repasser. Et, si un piquet est renversé, il saute à terre et le remet en place. Le jeu des fanions n'est pas un jeu de vitesse, mais d'adresse. Lancé au galop, le cavalier doit attraper un fanion placé dans un seau et l'emporter jusqu'à un autre seau sans le lâcher. La meilleure méthode est de le tenir droit, comme la lance d'un chevalier, pour pouvoir le placer facilement et rapidement dans le second seau. Pour le jeu des ballons, le participant galope jusqu'à une extrémité du terrain et saisit une canne en bambou munie d'une aiguille à l'un de ses bouts. Il revient ensuite sur la ligne centrale et doit faire éclater des ballons fixés à une planche. Ce jeu se joue parfois en équipes, la canne passant de main en main au fur et à mesure que les ballons sont crevés.

Apprendre en s'amusant

Les pony-games permettent aux cavaliers en herbe d'exercer leur assiette mais aussi d'affermir leur expérience tout en s'amusant. Mais ils ne sont pas réservés aux débutants ! Il existe des épreuves pour tous les niveaux, avec des poneys de toutes les tailles. Les cavaliers sont jugés sur leur équilibre, leur vitesse ou leur adresse – parfois les trois en même temps –, mais aussi sur la façon dont ils montent. Toute brutalité à l'égard du poney peut d'ailleurs être éliminatoire. Il faut garder son sang-froid malgré l'excitation que l'on ressent ! Les pony-games doivent aussi être abordés dans un bon esprit. Tout en essayant de réaliser les meilleures performances, il faut garder le sens du jeu : l'important est de participer, d'apprendre à monter et de se distraire ! Les challengers doivent savoir rire de leurs déboires et garder le sourire s'ils ne figurent pas à la remise des prix...

LA COURSE EN SAC
Avant le grand jour, entraîne-toi à la maison avec des amis !

Les chevaux adaptés

Des poneys en superforme !

Les poneys qui participent au pony-games doivent être en bonne forme. S'ils travaillent quotidiennement, s'ils vont régulièrement en extérieur en terrain varié, ils possèdent la condition physique nécessaire. S'ils viennent du pré ou sont en travail modéré, ils doivent s'entraîner avant d'être engagés dans un pony-games : mise en souffle, mise en muscle... Les poneys idéaux doivent aussi être habitués au matériel employé lors des différentes épreuves : fanions, plots, seaux, balles et ballons...

L'équitation des gardians

Montés sur leurs chevaux blancs, les gardians font partie du paysage des marais et villages de Camargue. Rassemblant les taureaux ou les conduisant à l'arène lors de grandes fêtes populaires, ils sont l'âme du pays...

ÉQUITATION DE TRAVAIL
Le travail du gardian a donné naissance à une équitation traditionnelle, aujourd'hui appelée "équitation camargue".

Le gardian est une sorte de berger à cheval. Du haut de son camarguais, il veille sur les troupeaux de taureaux élevés en liberté, perpétuant ainsi la longue tradition des marécages du delta du Rhône. On pourrait penser que l'apparition des clôtures de barbelés a changé sa mission... Mais ce n'est pas le cas. Car aucune barrière n'arrête vraiment ce bétail sauvage, et comme le marécage ne se prête nullement à l'évolution des engins motorisés, seul le gardian à cheval peut rattraper les évadés !

Une discipline reconnue

▸ ÉQUITATION DE TRADITION ET DE TRAVAIL

L'équitation de tradition et de travail est désormais reconnue par la Fédération et sanctionnée par des examens officiels. Elle est divisée en trois disciplines :
- l'équitation camargue
- l'équitation portugaise
- la Doma vaquera.

Dans ces trois équitations, les cavaliers doivent passer des épreuves de maniabilité et montrer qu'ils sont capables d'utiliser le cheval selon la tradition à laquelle la discipline se réfère. Les tenues sont elles aussi traditionnelles.

Le marquage des veaux

Le travail du gardian donne lieu à tout un folklore. L'opération annuelle de marquage des jeunes veaux, appelée "ferrade", est l'occasion d'une fête champêtre où tous les amis sont conviés. Une fois le troupeau rassemblé, les gardians – mais aussi certains invités à cheval – séparent les veaux. Ils les poursuivent un à un et se jettent sur eux depuis leur monture, en les saisissant par les cornes. Puis, ils les maintiennent à terre, le temps de leur appliquer le fer chaud.

Direction, l'arène

Lors de l'"abrivado", les gardians, à six, huit ou dix, s'en vont trier dans le marais les taureaux destinés à animer une manifestation. Puis, les canalisant entre leurs montures, ils les guident vers l'arène. Un grand jeu réjouit alors villes et villages : les piétons font tout pour détourner les bovidés. Ils allument des feux, lancent leur chemise sur la tête des chevaux, se glissent entre les équidés et les taureaux, se moquant du danger. S'ils réussissent, les cavaliers doivent battre longuement la campagne, pour retrouver leurs taureaux perdus. Mais s'ils échouent, les gardians sont à l'honneur !

Un baron bienfaiteur

Au début du xxe siècle, le baron de Baroncelli-Javon se dépensa sans compter pour maintenir vivaces les traditions des gardians. Sa situation de journaliste à Avignon l'y aida. Mais il sut surtout donner aux Camarguais une certaine fierté de leur patrimoine et de leurs coutumes. Il mit ainsi en évidence la valeur des chevaux du pays en effectuant un raid entre Saintes-Maries-de-la-Mer et Lyon sur un camarguais. Soit plus de 250 km, couverts en un temps record ! Le baron est toujours vénéré en Camargue. Les foires qui célèbrent et perpétuent les coutumes locales lui doivent quelque chose !

Guider les touristes

Les gardians, outre le gardiennage des troupeaux et la participation à de nombreux rassemblements, servent de guides pour les vacanciers. Les possibilités de promenade à cheval sont en effet nombreuses en Camargue : elles se font, bien sûr, sous la conduite des gardians, qui connaissent le marais comme leur poche !

RASSEMBLER TAUREAUX ET CHEVAUX
Les gardians rassemblent le bétail, mais aussi les troupeaux de chevaux qui vivent en semi-liberté dans le marais.

Les chevaux adaptés

Le cheval camargue

Agiles et courageux, le camargue travaille avec le taureau aussi naturellement que le chien de berger avec son troupeau de moutons. Résistant et frugal, il se nourrit d'herbes rares et dures, de roseaux, de salicorne, et se montre parfaitement adapté à son milieu. C'est un tardif, qui n'atteint l'âge adulte qu'entre 5 et 7 ans et sa longévité remarquable excède bien souvent 25 ans ! La taille moyenne est d'environ 1,40 m.

La haute école

La haute école est l'aristocratie de l'équitation. Le niveau de dressage y est très élevé. Le couple cheval-cavalier exécute des figures d'une grande technicité, donnant lieu à de magnifiques spectacles artistiques.

À VIENNE, LA GRÂCE
L'École espagnole de Vienne fut créée au début du XVIIIe siècle.

Après des siècles d'équitation essentiellement utilitaire, tournée principalement vers la guerre et la chasse, l'équitation devint un art pendant la Renaissance.

La Guérinière, le père de l'équitation

C'est l'Italie, la première, qui vit fleurir ce type de monte plus perfectionné, grâce aux écuyers Grisone, Pignatelli et Fiaschi. Leur influence toucha bientôt la France. Au XVIIe siècle, Louis XIV créa diverses académies, dont la fameuse école de Versailles. Un grand maître, François Robichon de la Guérinière, apprit à monter au roi Louis XV et rédigea plusieurs livres, dont l'un d'eux – *L'école de cavalerie* – est toujours considéré comme la "bible équestre". Sa leçon de "l'épaule en dedans" est le joyau de son équitation. « elle produit tant de bons effets à la fois, disait-il, que je la regarde comme la première et la dernière de toutes celles que l'on peut

Les qualités requises

► UNE GRANDE FINESSE D'ÉQUITATION
Les écuyers de haute école sont de véritables artistes, dotés d'une longue expérience et d'une grande finesse d'équitation. Ils font évoluer leurs montures toutes ensembles avec grâce et précision.

► LE GOÛT DE LA PERFECTION
Perfectionnistes, ils travaillent des heures et des heures pour obtenir des mouvements parfaits. Dans le monde de la haute école, l'à-peu-près ne saurait suffire !

À SAUMUR, LA COORDINATION PARFAITE
Le Cadre noir de Saumur s'attache à la précision collective et à l'uniformité. Comme dans un ballet...

donner au cheval pour lui faire prendre une entière souplesse et une parfaite liberté dans toutes ses parties. » Si l'enseignement de La Guérinière ne peut être ramené à la seule épaule en dedans, il est vrai que cet exercice est, depuis, considéré comme l'un des fondements de la préparation au travail de haute école.

De prestigieuses écoles

Aujourd'hui, cet art équestre subtil est pratiqué dans quelques grands centres de renommée internationale, comme le Cadre noir de saumur, l'École espagnole de Vienne ou l'École royale andalouse de Jerez. Les chevaux apprennent à maîtriser la très belle pirouette (rotation complète des épaules du cheval autour du postérieur interne), le piaffer (allure relevée très rassemblé, sur place), le passage (trot ralenti et relevé où les membres antérieurs s'élèvent fortement), ainsi que divers sauts d'école. La levade est le mouvement de base : le cheval se soulève de l'avant-main, soutenu sur les postérieurs très fléchis. Les jarrets sont à 20-25 cm du sol, tandis que les antérieurs sont repliés. La position doit être alors tenue quelques secondes. La courbette est le prolongement de la levade : à partir de sa position relevée, le cheval bondit en avant sur ses postérieurs, tout en maintenant les antérieurs repliés. Si le mouvement est prolongé, on obtient la cabriole, les quatre membres quittant le sol. Les postérieurs se détendent vigoureusement et le corps paraît suspendu en l'air. Le rassembler est, selon certains maîtres – notamment dans l'école espagnole – l'équilibre royal. Ils comparent le cheval rassemblé au fauve qui s'apprête à bondir sur sa proie, vibrant mais maîtrisé. L'animal se ramasse sur lui-même, déplaçant son centre de gravité vers l'arrière et ramenant la tête et l'encolure vers la verticale. L'équilibre ainsi réalisé sur un plus petit espace le "libère" de la pesanteur : comme un danseur, il devient alors aérien...

DU GRAND SPECTACLE
La haute école, c'est la rigueur à cheval mais aussi le panache, lors de merveilleuses représentations costumées.

Zoom anatomique

Élégance, obéissance

Les chevaux doivent disposer d'incontestables dispositions naturelles, qui seront travaillées pendant de longues années avant d'atteindre ce degré de légèreté, d'équilibre et de décontraction qui caractérise la haute école. Leurs prédispositions sont repérées très tôt par les éleveurs, qui les font baigner dès leur plus jeune âge dans ce monde très particulier où les mouvements demandés sont très stylisés. Outre leurs qualités en dressage, les chevaux doivent être élégants. Les races adaptées sont le lipizzan, le Pure Race Espagnol, le lusitanien...

La monte en amazone

La monte en amazone n'est plus guère pratiquée, mais elle compte encore quelques passionnées, qui replongent avec plaisir dans les traditions et l'élégance du passé.

La monte en amazone était autrefois celle des dames, à qui le pantalon était interdit. Portant robes et jupons, elles ne pouvaient pas monter à califourchon ! Plusieurs sortes de selle furent conçues pour leur permettre de mieux assurer leur équilibre. Au XIVe siècle, les "cavalières" montaient sur une selle au siège large et rembourré, assises perpendiculairement au cheval, les deux pieds reposant sur un cale-pied. On ajouta ensuite un pommeau un peu semblable à la corne de la selle western, afin qu'elles puissent se mettre de face en calant haut l'un de leurs genoux. Au XVIe siècle, un second pommeau permit de fixer le deuxième genou, mais l'équilibre restait incertain...

POURQUOI PAS TOI ?
La monte en amazone peut te faire découvrir d'autres sensations. Toutefois, si tu veux essayer, adresse-toi à un centre équestre spécialisé.

Les chevaux adaptés

Sûr et dynamique

N'importe quel cheval ou poney peut s'adapter à la monte en amazone. Il faut simplement l'habituer aux sensations particulières de cette discipline. La jambe droite étant absente, il doit apprendre à se porter en avant et à déplacer ses hanches sur des indications différentes. On choisit d'ailleurs de préférence des chevaux calme mais pleins d'allant, qui jouissent d'une bonne impulsion naturelle.

UNE BELLE ÉLÉGANCE
Même une cavalière en herbe peut monter en amazone. C'est l'occasion de se faire belle et de porter une longue jupe.

L'équitation s'ouvre aux femmes

Il fallut attendre 1830 et la mise au point de la selle à fourches pour que l'équitation en amazone se développe véritablement. Les fourches, qui soutiennent et fixent les deux jambes, stabilisent suffisamment la position pour que la cavalière se sente à l'aise à toutes les allures et même durant le saut. Dès lors, les dames se mirent avec enthousiasme à l'équitation sportive, jusque-là réservée aux hommes. Elles pouvaient enfin galoper, bondir par-dessus des haies et des fossés, suivre des chasses à courre ou se promener dans les bois.

L'élégance suprême…

Aujourd'hui, les femmes portent le pantalon et montent à califourchon. Mais certaines pratiquent encore la monte en amazone… pour le plaisir ! Cette discipline, où la robe longue est de rigueur, donne lieu à des rencontres d'une rare élégance. Elle permet de réunir le goût des belles toilettes et la passion pour le cheval. On peut tout faire en amazone : travailler sur le plat, sauter, participer à un concours hippique ou de dressage. Sportives… mais non moins coquettes, les amazones ! Cette équitation, si elle est différente, n'est pas plus difficile et peut être pratiquée par tous : filles ou garçons. Dans la tenue de leur choix, bien sûr !

Où monter en amazone ?

Malheureusement, il n'est pas facile de trouver des centres équestres spécialisés. Il n'existe que peu d'instructeurs spécifiquement formés pour enseigner la monte en amazone. Les fédérations peuvent fournir les renseignements sur ce qui se pratique dans chaque région. Il existe aussi des associations d'amateurs de monte en amazone, que l'on trouve sur Internet.

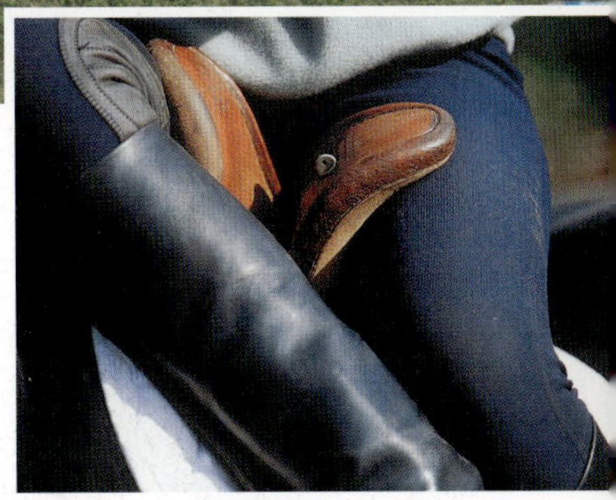

LA SELLE À FOURCHES
La jambe droite est soutenue par la fourche du haut ; la fourche inférieure s'incurve par-dessus la cuisse gauche et assure la stabilité.

Le bon matériel

▸UNE SELLE À FOURCHES
Les fourches donnent une bonne stabilité à la cavalière. Ce type de selle est indispensable ; il ne faut pas essayer de pratiquer cette équitation avec une selle ordinaire car les risques de chute sont importants.

▸DES RÊNES LONGUES
On peut monter avec un filet ordinaire, cependant les rênes doivent être longues car les mains de l'amazone sont placées plus en arrière que celles du cavalier assis à califourchon.

▸UNE CRAVACHE
L'amazone n'ayant pas de moyen pour agir à droite, elle indique les changements de direction ou d'allure grâce à une longue cravache qui vient remplacer son talon droit.

Le polo

Sorte de "hockey à cheval", le polo ne ménage ni les cavaliers, ni leurs montures. Tout en dirigeant son cheval au galop, le joueur doit frapper une balle d'un coup de maillet, en direction du but adverse. Un sport rude, mais exaltant !

Ce jeu équestre, qui ne manque pas de brio, est très ancien. Le mot polo est issu du nom tibétain "pulu" (qui signifie "balle") ou de "palas", un terme mentionné sur des manuscrits perses datant de plus de 2 000 ans, et désignant le bois dans lequel était faite la balle. Ses origines se situent donc en Orient, il y a fort longtemps. D'abord pratiqué par les hommes et les femmes de Perse et des provinces voisines, ainsi que dans la Chine ancienne, le polo se répandit à travers toute l'Asie. Au XIXe siècle, les Britanniques furent les premiers Occidentaux à le découvrir, en Inde. En 1859, le capitaine Robert Stewart et le lieutenant Joseph Sherer fondaient dans le Manipur (un petit État situé entre l'Assam et la Birmanie) le premier club européen de polo. Aujourd'hui, on en compte environ mille, répartis dans plus de trente-cinq pays, dont principalement l'Argentine, qui regroupe les meilleurs joueurs mondiaux.

PAS DE RÉPIT POUR LES CHEVAUX !
Le cheval de polo est forcément un excellent galopeur, pourvu d'un bon souffle.

Les chevaux adaptés

Le poney de polo

Les chevaux destinés au polo doivent être rapides, résistants et agiles, capables d'effectuer des départs au galop fulgurants, de stopper brusquement et de tourner incroyablement court tout en gardant leur équilibre. Les montures les plus recherchées sont les fameux poneys de polo argentins, résultant d'un métissage entre le criollo (cheval rustique de la pampa) et le pur-sang anglais.

CAVALIERS À L'ENTRAÎNEMENT
Le manche du maillet mesure 1,30 m. Pour apprendre à s'en servir, mieux vaut s'entraîner sur un cheval de bois !

IMPÉRATIF : PROTÉGER LE CHEVAL
Les bandes de polo protègent les membres des chevaux des coups de maillet éventuels et soutiennent les tendons soumis à rude épreuve.

Les règles du jeu

Partout dans le monde, le règlement est identique. Deux équipes de quatre cavaliers s'affrontent lors de quatre à huit périodes successives de sept minutes et demie, appelées "chukkas", entrecoupées de courtes pauses. Le terrain mesure 275 x 180 m. Protégés par des casques, les joueurs totalisent des points en envoyant une balle entre les poteaux des buts adverses à l'aide de longs maillets. Les chevaux sont très sollicités. Lancés au galop, ils doivent être capables de fortes accélérations, de rapides changements de direction et d'arrêts brutaux. L'effort fourni est tel que les équipiers doivent changer de monture à chaque reprise ! Le polo est ainsi considéré comme l'un des jeux les plus rapides du monde, exigeant des concurrents extrêmement réactifs, qu'ils aient quatre ou deux jambes.

Le "sport des rois"

Cette discipline passionnante nécessite des moyens financiers importants. Un joueur de polo a besoin d'un équipement bien particulier qui n'est pas bon marché. De plus, ce n'est pas un cheval qu'il lui faut, mais cinq, six ou plus, afin qu'il puisse changer de monture aussi souvent que nécessaire au cours des matchs. Pour gagner les terrains de jeu, parfois très éloignés de l'écurie, il faut aussi au joueur un camion capable de transporter son piquet de chevaux au complet. Enfin, pour échauffer les montures avant qu'elles n'entrent en jeu, les seller et leur donner tous les soins nécessaires, le cavalier doit être secondé d'un groom sérieux et qualifié. Ce qui explique que le polo, appelé "sport des rois, roi des sports", soit réservé à une élite ! D'Alexandre le Grand à Charles d'Angleterre...

Le bon matériel

▸UN ÉQUIPEMENT ANTI-COUPS
Le cavalier de polo doit porter un casque spécial aux normes européennes, ainsi que des gants de cuir et des genouillères rembourrées pour protéger ses mains et ses genoux, parties exposées aux lésions. Sa tenue est complétée par une chemise de polo aux couleurs de l'équipe, une culotte, des bottes en cuir, une paire d'éperons, un maillet de bambou. Le cheval, exposé lui aussi aux chocs (le moindre coup de maillet peut occasionner une blessure) a les membres protégés par des bandes de polo. Il est harnaché avec des embouchures sévères renforcées par des enrênements contraignants.

Les courses de plat

Sur les courses de plat, chevaux et jockeys sont lancés en plein galop, en quête de vitesse pure. La silhouette des jeunes pur-sang plein d'ardeur galopant avec un mélange unique de grâce et de puissance a séduit des foules d'amateurs depuis plus de deux siècles.

Les qualités requises

▸ UN FORT POTENTIEL DE BASE
Le pur-sang destiné aux courses doit avoir d'excellentes origines Dans cette race "pure", il faut compter beaucoup de champions dans le "pedigree".

▸ DU CŒUR
Un pur-sang doit "tout donner". On attend de lui un tempérament généreux et, idéalement, une ardeur raisonnée.

L'engouement pour les courses de chevaux est mondial. Chaque soir, dans une atmosphère surchauffée, tu peux voir à la télévision l'arrivée des grandes épreuves disputées dans la journée. Hélas, le monde des courses, qui fait l'objet de paris d'argent sur tel ou tel concurrent, n'est pas animé que par les seuls amoureux de l'équitation. L'appât du gain et l'attrait du jeu laissent souvent dans l'ombre l'intérêt du cheval ! Et tous les poulains pur-sang ne rêvent pas forcément de fréquenter les hippodromes, tant l'entraînement qu'ils subissent est dur.

Des efforts très violents

Les écuries de course font appel à des superentraîneurs capables d'amener leurs protégés dans les meilleures dispositions physiques et psychiques le jour J. L'effort qu'ils auront à fournir est de courte durée mais très violent, imposant un réglage précis de l'entraînement, de la nourriture et des conditions de vie. Entourés d'une armada de vétérinaires, de lads, de valets d'écurie, de jockeys, ils doivent jongler avec une panoplie de paramètres qui mèneront leur "enfant chéri" en tête de course et son propriétaire aux anges.

Des bolides de 2 ans à peine

La carrière d'un champion commence très tôt. Dès l'âge de 2 ans, il est monté et, malgré le poids léger de son cavalier, il doit déjà fournir des efforts importants. Ce début de carrière précoce est contre nature puisque sa croissance est loin d'être achevée ! Mais le jeune sprinter doit apprendre son métier pendant qu'il est encore malléable… Ainsi, il va développer un fort potentiel énergétique. Hélas, son niveau de dressage reste sommaire, et sa nervosité fait qu'il est incapable de se tenir à l'arrêt une fois dehors. Il faut donc aider le jockey à le monter…

60 km/h de pointe

Dans les courses de plat, c'est la recherche de la vitesse à l'état pur. Les "2 ans" courent sur 1 200 à 1 600 m ; les "3 et 4 ans" se mesurent sur des distances allant jusqu'à 4 600 m. À plein régime, un peloton de galopeurs peut atteindre 60 km/h ou plus. Les arrivées sont parfois groupées ; pour éviter tout litige, un contrôle photographique sur la ligne permet de classer les concurrents. Le régime des entraînements et des courses use rapidement les chevaux, qui fournissent des efforts à la limite de leurs forces. Leur squelette, leurs tendons, leur cœur s'abîment. Ils sont "brûlés" par l'avoine qu'ils consomment à haute dose. Ils ont une carrière très courte en courses de plat : quelques années à peine.

TOUJOURS PLUS VITE !
Voler au-dessus du gazon et franchir le premier le poteau d'arrivée : la consécration suprême pour un pur-sang de course.

Les chevaux adaptés

Le pur-sang, champion incontesté

Le pur-sang est le sprinter type. Taillé pour la vitesse, il est aussi un excellent sauteur dans bien des cas, et on en voit beaucoup en concours complet. Il peut aussi posséder des allures déliées et élastiques qui ont valu à quelques-uns d'entre eux une belle réussite en dressage – mais c'est plus rare car leur modèle ne les prédispose par au rassembler. Côté tempérament, le pur-sang peut donner… le meilleur et le pire. Son ardeur, son intelligence et sa réceptivité en font un animal sensible, parfois délicat, voire compliqué. Il lui faut un cavalier plein de tact.

Les courses de trot

Au trot, les chevaux courent le plus souvent attelés à un sulky. Le driver doit obtenir de son champion la vitesse maximale, mais sans galoper. Le résultat d'un entraînement sévère ! Tout jeune, le cheval est attelé avec des enrênements qui l'empêchent de prendre le galop.

Les courses attelées sont très anciennes : elles existaient déjà du temps des Romains. Puis ce type de compétition disparut, pour réapparaître en Angleterre au milieu du XVIIIe siècle et, au XIXe siècle, en France. L'inspecteur général des haras français, Hephrem Houel, profita de l'ouverture de l'hippodrome de Cherbourg pour organiser des courses attelées. Immédiatement, le succès fut énorme. Pour ces premières épreuves, on ne disposait que de voitures ordinaires. Leur poids était important, ce qui limitait les performances des chevaux. On tenta donc de résoudre ce problème et, en

GARE AUX SECOUSSES ! Jambes écartées, pieds appuyés sur des étriers latéraux, le driver tente d'amortir les chocs.

Les chevaux adaptés

Des athlètes aux épaules inclinées

Cheval de vitesse, mais aussi de fond, le trotteur est un athlète complet. Endurant, rustique, équilibré, il a un thorax profond et des épaules inclinées, ce qui favorise le geste du devant et permet aux antérieurs d'aller chercher le terrain loin en avant. Les cuisses sont puissantes afin d'assurer une bonne propulsion de l'arrière-main. Il existe des races de trotteurs dans différents pays, tous très performants. Les plus connus sont les trotteurs français et américains.

SULKY DES NEIGES
À Saint-Morritz, en Suisse, ont lieu de nombreuses courses de trot attelé. Un spectacle de toute beauté, surtout quand la neige est au rendez-vous.

1892, le sulky – étrange attelage aux allures d'insecte, très léger – fut inventé. Le driver, assis dessus, fait en sorte que son poids intervienne peu dans l'effort que doit fournir sa monture.

Une carrière précoce

La carrière d'un trotteur débute de bonne heure. Sevré à huit mois et débourré à dix, le jeune champion est soumis à un pré-entraînement vers quatorze mois – alors que sa croissance est loin d'être achevée et son squelette encore fragile. Mais le monde du trot, comme celui du galop, est soumis à la loi du profit – donc impitoyable : il faut que le cheval rapporte, et vite ! Les premières qualifications ont lieu à deux ans. L'impéra?tif est toujours le même : parcourir une distance en un temps donné, celui-ci variant d'année en année : un trois ans doit aller plus vite qu'un deux ans, un quatre ans plus vite qu'un trois ans, etc.

Un dressage contre-nature

Maintenir un trot très rapide au lieu de prendre le galop n'a rien de naturel. Le cheval apprend à trotter au cours d'un dressage rapide et hélas souvent brutal. Il doit être capable de maintenir l'allure quelles que soient les sollicitations et de ne pas se désunir lors des sprints. Pour obtenir ce résultat, les entraîneurs ont recours à des embouchures sévères et à un harnachement spécifique avec des accessoires destinés à bloqure l'encolure en position haute pour décourager un éventuel départ au galop.

La France, spécialiste du trot

Il existe des milliers d'hippodromes de trot dans le monde mais certains pays, comme la France, la Russie, les États-Unis et plus récemment l'Australie, sont de vrais spécialistes de ce sport. Chez nous, les trois champs de course spécialisés dans le trot sont Enghien, Cagnes-sur-Mer et surtout Vincennes. La France est également le seul pays à organiser des épreuves de trot monté (moins rapide et moins élégant que le trot attelé). La principale course montée en France est le Prix de Cornulier. Comme son équivalent attelé, le prix d'Amérique, elle se déroule à Vincennes. Un cheval exceptionnel peut remporter les deux courses mais, jusqu'à présent, seuls quatre trotteurs ont accompli un tel exploit !

UN ENRÊNEMENT TRÈS CONTRAIGNANT
Les artifices employés pour contraindre le cheval à rester au trot tout en accélérant au maximum sont durs, parfois cruels.

Le bon matériel

►LE SULKY
Le sulky de course est une voiturette ultralégère, aérodynamique, montée sur deux roues pneumatiques, réduisant à son minimum la charge à tracter.

►LE ROAD-CAR
Le road-car est un modèle d'entraînement, plus lourd et plus robuste que le sulky. Les roues sont équipées de pneumatiques plus larges convenant au tout-terrain.

Le steeple-chase

Le steeple-chase est une redoutable course de vitesse comportant des obstacles. Durant cette épreuve semée de haies et de rivières, de nombreux chevaux et jockeys se blessent lors de chutes impressionnantes.

Le steeple-chase est apparu au XVIIIe siècle, en Irlande, de façon anecdotique. À la suite d'un pari, deux cavaliers s'affrontèrent sur un parcours d'environ 7 km qui séparait deux clochers ("steeple" en anglais). Le genre était né ! Il fallait galoper à travers la campagne en franchissant tous les obstacles rencontrés, haies, rivières, talus, pour gagner le point d'arrivée. Pour désigner ce sport, le mot de "chase" (chasse) fut associé à "steeple", car, à la chasse, on saute de la même façon clôtures et barrières naturelles afin de poursuivre le gibier. Très vite, les courses de steeple-chase, encouragées par des paris, gagnèent tout le Royaume-Uni. C'est l'entraîneur britannique Tom Colman qui en établit les règles.

DES ÉPAULES, DES CUISSES ET DU COFFRE
Un bon cheval de steeple doit avoir une épaule inclinée et forte, une arrière-main puissante et un coffre formidable.

Les qualités requises

► L'AUDACE
Les courses d'obstacles peuvent être mortelles pour les chevaux, mais aussi pour les jockeys. Il faut donc une énorme dose de courage pour s'y lancer.

► LA RÉSISTANCE
Téméraires et animés par la rage de vaincre, les jockeys sont aussi des cavaliers d'une haute résistance, subissant un entraînement physique exceptionnel.

► LE PHYSIQUE
Le jockey de course d'obstacles ne doit pas dépasser 60 kg.

VOLER AU-DESSUS DES OBSTACLES
Certains obstacles particulièrement larges, comme la rivière des tribunes à Auteuil, obligent les chevaux à faire des sauts prodigieux.

Des bonds de... 6 mètres !

En 1839, le premier "Grand National" officiel à Aintree (Angleterre) se déroulait sur 7 220 m et comportait 30 obstacles impressionnants. À la même époque, la France organisait à Jouy sa propre "course au clocher". En 1873, un hippodrome fut installé sur les terrains longeant la porte d'Auteuil, à Paris, et un grand steeple s'y courut l'année suivante. Aujourd'hui, c'est toujours à Auteuil qu'ont lieu les épreuves les plus prestigieuses. L'hippodrome est réputé pour sa redoutable rivière large de 4,40 m et appelée par une haie de 1 m... ce qui oblige les chevaux à faire des bonds de plus de 6 mètres !

Un sport dangereux

Les compétitions se déroulent sur des distances variables, entre 3 000 et 7 000 m. Les obstacles sont souvent franchis plusieurs fois, les chevaux courant en boucle sur la piste. Le terrain n'est pas forcément plat : le fameux hippodrome de Cheltenham, en Angleterre, est célèbre pour sa ligne d'arrivée en montée. Certains obstacles sont en contre-haut ou en contrebas. Les chutes sont nombreuses. Ce sport périlleux est dénoncé par certains comme cruel et inutilement dangereux, pour les jockeys comme pour les chevaux. Grâce aux progrès de la médecine vétérinaire, l'abattage systématique et immédiat des équidés aux membres brisés n'est plus la règle, mais il y a malheureusement encore trop d'excès.

Les "point to point"

En Grande-Bretagne ont lieu des courses un peu différentes, les "point to point". Les chevaux sont entraînés et montés par leurs propriétaires. Pas question d'enjeux économiques, donc ! Cependant, les bookmakers anglais ne peuvent s'empêcher d'organiser quelques paris sur les équipes. Les parcours, comportant 18 obstacles sur une distance de 4 400 m, sont situés en pleine nature. Moins dur que le steeple-chase, le "point to point" est considéré comme un apprentissage efficace pour devenir jockey professionnel sur les champs de course.

ALERTE AU DOPAGE !
Pour réussir à soutenir le rythme d'enfer des steeple-chases, certains chevaux, aux États-Unis, sont dopés avec des produits à base de noix de cola et d'arséniate de strychnine.

Les chevaux adaptés

Les pur-sang

Bien que ces courses soient en principe ouvertes à tous les chevaux, on n'y voit guère que des pur-sang. Eux seuls sont capables de soutenir un rythme aussi rapide sur de longues distances semées d'obstacles difficiles. Les chevaux de steeple sont un peu plus âgés que les pur-sang de plat (3, 4 et 5 ans). Les épreuves les plus éprouvantes sont réservées aux 5 ans.

TABLE DES MATIÈRES

Pour aller plus loin : travail sur le plat et dressage .. 123

Pour aller plus loin : saut d'obstacle 171

Disciplines et jeux 191

Crédits iconographiques

Couverture : Girard/Cogis
Intérieur : **ALLSPORT** : Vandystadt : 104. **CHÉHU** : 11 hg, hd, bg, bd ; 15hg, hd, bd ; 23bd ; 25c, bd ; 26 ; 27hg, hd, c, bd, bg ; 29 hg, hd, c, bd, bg ; 63hd, c, bd, bg ; 93hd ; 103c ; 154, 155hg, hd, bg, bd ; 175hd, 176 ; 177bg ; 189c, 199b ; 212 ; **Florence CLOT** : 51bd ; 62 ; 78 ; 81hg, 95hg, hd, bd ; 129hg, hd ; 151hg ; 175bg ; 179hg, hd ; 183hd, bd ; 198. **COGIS** : Amblin : 77c. Bernie : 20. Béroule : 101bd ; 173hd. Brunet : 14. Damman : 233b. Delaborde : 66. DeMario : 225b. Farissier : 198, 217g. Français : 189c. Gineste : 193. Gromik : 175hg. Hermeline : 34 ; 48, 57hg ; 65bg ; 67bd ; 69bd ; 75c, bd, bg ; 79hg, c, bd ; 81bg ; 101hd ; 128 ; 141c, bd, bg ; 172 ; 173hg, bg ; 174, 177hg ; 185g ; 187hg ; 189bg. Labat : 107hd. Lanceau : 59hg. Miriski : 25hg ; 55hd, c, bd ; 57hd, bd ; 59hd ; 77hg, 86, 107hg ; 121g ; 125b ; 126 ; 139c ; 153d ; 177hg ; 178, 180 ; 183hg. Monnier : 12 ; 58 ; 69bg ; 79bg ; 81c ; 82 ; 85hg ; 96 ; 97hd ; 107bg ; 131hg ; 151hd ; 152 ; 213d. Polette : 98. Rocher : 22 ; 25bg ; 32 ; 59bd ; 67bg, 72. Varin : 160 ; 208. **COLIBRI** : Brunet : 14. Lavergne : bg. **CORBIS** : Boisvieux, Christophe : 220. **Kit HOUGHTON** : 13c, bd, bg ; 30 ; 40 ; 41 ; 45hg, hd, bd ; 47c ; 49hg, bd ; 51hg, bg ; 52 ; 53hg, hd, c, hd, bg ; 55bg ; 56 ; 63hg ; 64 ; 65hg, hd ; 69hg, hd, c ; 70, 73hg, hd, c, bd ; 75hg, hd ; 76, 80, 81hd, 93hg ; 95bg ; 97bd ; 103hd ; 111hg, hd, c ; 112 ; 113hg, hd, bg ; 114 ; 115hg, hd ; 120 ; 121g ; 127bd ; 129bd ; 131bg ; 137hg ; 138 ; 140 ; 141hg, hd ; 143hg, hd, bg, bd ; 145hg ; 147c ; 149hd, bd ; 157bd ; 164 ; 165h, b ; 175bd ; 182 ; 183bg ; 184 ; 185d ; 186 ; 188 ; 223d ; 225hg ; 227g, b ; 231h, b. **Bob LANGRISH** : 13hg, hd ; 17hg, hd ; 24 ; 25hd ; 31hg, hd, bg, bd ; 33hg, hd, 37hg, hd ; 44 ; 47hg, hd, bd, bg ; 49hg ; 67hg ; 77hg, hd ; 81bd ; 83hg, hd, 85bd ; 90 ; 94 ; 95c ; 100, 101c ; 102 ; 105d ; 108 ; 110 ; 111bg ; 118, 124 ; 125c ; 127hd : 129bg ; 130 ; 131hd, c, bd ; 133hg, 135bg, bd ; 137c, bd ; 139hg, hd, bd, bg ; 142 ; 145hd, bd ; 147hg, hd, bd, bg ; 148 ; 149bg ; 150 ; 151c, bd, bg ; 157hg ; 158 ; 168 ; 169g, d ; 173bd ; 179bd, bg ; 181hg, hd, bd, bg ; 194 ; 195 ; 196 ; 197h, b ; 203g ; 206 ; 207h ; 209g, d ; 211h ; 214 ; 215 ; 218 ; 223g ; 226 ; 227d ; 230. **OPTIPRESS** : Bruneau : 103bd. Caillère : 85hd ; 132. Chéhu : 163h, d ; 177c ; 189hd ; 207b ; 224 ; 225hd. Flament : 16. Laurioux : 101hg ; 133g ; 181c. Sarfati : 232 ; 233h. Soumillard : 57c. Toubon : 28 ; 46 ; 85c, bg ; 91hg ; 93bg ; 103hg ; 145bg. **PIX** : 192. **Véronique de SAINT-VAULRY** : 54 ; 65hd ; 116 ; 117 ; 149hg ; 162 ; 201h, b ; 204 ; 205 ; 216. **SCOPE** : Pasquel : 18 ; 133b ; 210 ; 211b ; 221. **SORREL** : 10 ; 17bg, bd ; 19 hg, hd, bg, bd ; 21hg, hd, bg, bd ; 23hg, hd, bg, bd ; 33bg, bd, 35 hg, hd, bg, bd ; 36 ; 37c, bd, bg ; 38 ; 39 hg, hd, bg, bd ; 42 ; 43hg, hd, bg, bd ; 49bg ; 55hg ; 57bg ; 59bg ; 67hd, c ; 68 ; 71hg, hd, bg, bd ; 77bd ; 83bg, bd ; 84 ; 88 ; 91hd, bg, bd ; 92 ; 93bd ; 97hg, bg ; 99 ; 101bg ; 106 ; 107c, bd ; 109 hg, hd, bg, bd ; 111bd ; 113bd ; 115c, bd ; bg ; 119d ; 125hg ; 127hg ; 129c ; 134 ; 135hg, hd ; 136 ; 137bg, hd ; 144, 146 ; 156 ; 157hd, bg ; 159h, b ; 166 ; 167hg, hd, c, bd, bg ; 179c ; 189hg ; 199h ; 202 ; 203d ; 213g ; 217bd ; 219h, b ; 222 ; 228 ; 229h, b.

Illustrations : Benoist-Gironière : 87 ; 89 ; 187.